红颜才女系列

断肠英女朱淑真

姜越·编著

群言出版社
QUNYAN PRESS
·北京·

图书在版编目（CIP）数据

断肠英女——朱淑真/姜越编著. —北京：群言出版社，2016.9（2020.8 重印）

（红颜才女系列）

ISBN 978－7－80256－819－8

Ⅰ.①断… Ⅱ.①姜… Ⅲ.①朱淑真（1079～1131）－传记 Ⅳ.①K825.6

中国版本图书馆 CIP 数据核字（2015）第 174127 号

责任编辑：朱前前
封面设计：侯 泰

出版发行：群言出版社
地 址：北京市东城区东厂胡同北巷 1 号（100006）
网 址：www.qypublish.com
自营网店：http://qycbs.shop.kongfz.com（孔夫子旧书网）
http://www.qypublish.com（群言出版社官网）
电子信箱：qunyancbs@126.com
联系电话：010－65267783 65263836
经 销：全国新华书店

印 刷：北京晨旭印刷厂
版 次：2016 年 9 月第 1 版　2020 年 8 月第 2 次印刷
开 本：640mm×960mm　1/16
印 张：15.5
字 数：260 千字
书 号：ISBN 978－7－80256－819－8
定 价：38.00 元

前　言

在中国封建社会里，女性几乎失去了受教育的权利，同时也失去了人格的独立，被钳制在“女子无才便是德”的狭小空间里，然而朱淑真却有幸生活在一个富裕的书香之家。家庭氛围的宽松使她的思想和行为没有受到过多的压制，内心充满了对爱情生活的无限憧憬。冬去春来，花开花谢，她出落成一位浪漫多情、才调出众的女子。然而爱情理想的破灭，婚姻生活的孤寂，使她更多地借诗词来抒发内心的愤愤不平和对美好生活的追求。

朱淑真的诗词多抒写个人爱情生活，早期笔调明快，文词清婉，情致缠绵，后期则忧愁郁闷，颇多幽怨之音，流于感伤，后世人称之曰“红艳诗人”。作品艺术成就很高，后世常与李清照相提并论。流传较广的《生查子》：“……月上柳梢头，人约黄昏后”一阕，长期以来被认为欧阳修所作，其实是当时怕坏了女子的风气，才将作者改为了欧阳修的。

朱淑真这位才情横溢的宋代才女，勇于用很多士大夫都不敢用的诗词来表现个人的“私情”，敢于反抗封建礼教，追求自由的爱情。由于其行为违背了封建伦理道德秩序，“其死也，不能葬骨于地下，如青冢之可吊，并其诗为父母一火焚之，今所传者，百不一存”。千百年来，人们对她褒贬不一。南宋人魏仲恭曾因听到旅人传诵朱淑真诗作，感其

"清新婉丽"，遂辑成集，名曰《断肠集》。他在《朱淑真诗集序》称赞道："间有天资秀发，性灵钟慧，出言吐句有奇男子之所不如……清新婉丽，蓄思含情，能道人意中事，岂泛泛者所能及。"对她不幸的一生表示深切的同情，曾扼腕叹息道："自古佳人多命薄，岂止颜色如花命如叶耶!"清代的文学评论家陈廷焯在《白雨斋词话》中说道："朱淑真词，才力不逮易安，然规模唐、五代，不失分寸。如《年年玉镜台》及《春已半》等篇，殊不让和凝、李珣辈，惟骨韵不高，可称小品。"而陈廷焯在《词坛丛话》中所言的"宋妇人能诗词者不少，易安为冠，次则朱淑真，次则魏夫人也"，此话将宋代女性文学的最杰出代表作了一个较为确切的评点。

本书全面详细地讲述了朱淑真坎坷的一生，语言优美，故事趣味性强，结合了历史及现代研究，进行了多方面的解读，让读者了解一个更为真实的朱淑真。在这位女诗人忧伤的泪水、凄楚的情怀中，深藏着一颗孤高自负的心。她的部分创作难能可贵地表现了一定的主体意识和人格独立精神。

由于时间仓促，作者水平有限，书中错漏缺点在所难免，恳请读者批评指正。希望本书可以让广大读者从中学到知识，开阔视野，全面细致地了解历史人物的传奇人生。

第一章　官宦之家，超群出众的才女

从朱淑真的家世及其少女时期的作品，可窥见朱淑真的性格。她感情丰富敏锐，体物细微，早期的写景咏物诗可见出其爽朗耿直的品性。她的爱梅慕竹，更可表现她的孤高坚毅。基于这种性格，她的笔触轻快而大胆，敢于直抒胸臆。朱淑真的生活轨迹和心路历程，在她自己的抒怀作品中得到了最充分的体现。

第二章　初为人妻，美好爱情与不幸婚姻

少女的情怀在春天使者的撞击之下，怀春的翅膀已经展开，心中明明被那深情的歌声所打动，却佯装着临轩看书读诗，掩饰那跃动的春情。朱淑真对爱情矜持、羞涩而又充满神秘和憧憬，正是怀春少女矛盾心绪的表现。

第三章 对景伤情，不为人知的悲愁

在封建社会，妇女的一生幸福都决定在丈夫身上。朱淑真被包办婚姻逼进深深的痛苦之中，在无法改变既成事实的情况下，她在婚后强颜欢笑，希望与夫家及丈夫改善关系。但是丈夫积习不改，一味投机钻营，甚至继常在外面应酬玩乐，有家不归。朱淑真感到自己的真诚和善意被糟踏了，她陷入了无边的失望与痛苦之中。

第四章　无奈别离，凄惨悲壮的冤魂

有人给朱淑真的诗集作序，说她“嫁为市井民妻”，当根据考证，她的丈夫应该不是普通市民，而是一个小官吏。朱淑真所不满于他的，并不是无财无势，而是才学不能相称，心灵无法沟通。婚后不久，她便因失望而发出了这样的抱怨：“鸥鹭鸳鸯作一池，须知羽翼不相依。东君不与花为主，何以休生连理枝？”

第五章　爱情悲剧，藕断丝连爱真切

朱淑真到底是在和丈夫离异后才另觅爱人，还是在无爱的婚姻中出轨，并无明确记载。但根据她实在娘家的情况来看，她最后应该已经跟丈夫分居，纵使没有得到正式的休弃，事实上已经离异。后考证其因与情人分手而“悒悒抱恨而终”。

第六章　千古绝唱，难以企及的艺术高度

《史记·李将军列传》曾引谚语曰："桃李不言，下自成蹊。"以此比喻为人真诚，自能感动他人。同样，富有艺术魅力的优秀诗文，自然会传颂千古。朱淑真的诗词，在她死后辑集刊行，一直深受后代文人的珍视，给予的评价也很高。

第一章 乱世无英雄，红颜多坎坷

从朱淑真的家世及其少女时期的作品，可窥见朱淑真的性格。她感情丰富敏锐，体物细微，早期的写景咏物诗可见出其爽朗耿直的品性。她的爱梅慕竹，更可表现她的孤高坚毅。基于这种性格，她的笔触轻快而大胆，敢于直抒胸臆。朱淑真的生活轨迹和心路历程，在她自己的抒怀作品中得到了最充分的体现。

少年才情，籍贯之谜

朱淑真，号幽栖居士，是宋代著名女诗人和词人，也是宋代作品最多的女作家。朱淑真祖籍海宁（今安徽省芜湖市），后来落户定居于钱塘（今浙江省杭州市）。她生活的年代，大约在南宋高宗绍兴五年至孝宗淳熙七年左右，终年约为 45 岁。

朱淑真的名字曾被人误写为朱淑贞，最早源于清人王士祯所作的《池北偶谈》卷十五的记述。王士祯根据朱氏自书所作的《苏若兰璇玑图记》（以下简称《璇玑图记》）文末的署名“幽栖居士朱氏淑贞”，判定其名字为“朱淑贞”。但《璇玑图记》的真实性是大有问题的，其中最大可疑是其所署的年号不对，因此作伪者将“朱淑真”误作“朱淑贞”也不足为奇了；或者作伪者又因当时某一问题而改写，也不可得知。但“朱淑真”应当是她的正确名字，而“淑贞”乃是后人的误写，现在已经无人再作异议了。

虽然朱淑真的文学成就很高，但是她的文名在当时并不彰显。她大量的诗词主要是在她死后才逐渐为人们所认识，并备受赞许。最初是南宋孝宗淳熙九年，宛陵（今安徽宣城）人魏仲恭（字端礼）于朱淑真死后不久，收辑其部分诗作，题名为《断肠集》，并为之作序，朱淑真的诗，才因此得以流传。朱淑真另有《断肠词》，据《四库全书总目》引《直斋书录解题》载为一卷，可惜已经失传。后来经过明末藏书家毛晋

(1599—1659）搜辑，喜得明初洪武年间钞本，遂将其与《漱玉词》合刻刊行于汲古阁，并为世人所传诵。朱淑真的诗词，清浅流丽，真挚感人，后代文学家推崇备至，把她与李清照相提并论，朱淑真实是宋代继李清照之后又一位卓有成就的女文学家。

可是关于朱淑真的生平事迹，史书文献极少记载；魏仲恭写的《断肠集序》中对朱淑真的身世语焉不详，而他所提及王唐佐为朱淑真写的传，又早已失传，后人根本无法见到，因此后人在辑录她的诗文时，虽然对她的作品及遗闻轶事，作过各种考证和记述，但大都寥寥数语，零星琐屑，或是牵强附会，或为武断臆说，缺乏科学的论断。所以有关朱淑真事迹的记述，说法很不一致，其中颇多谬误。因此，本书在撰述朱淑真的生平事迹时，不能不在前人研究的基础上，作出颇多的考证与修订工作，并根据朱淑真的作品与有关资料，对其一生的经历，重新作出全面的探索，以求拨开历史的迷雾，恢复朱淑真本原的真实面貌。

关于朱淑真的籍贯和生卒年代，历来说法不一，错综复杂，至今未有定论。仅就其籍贯居里一项，历来大致有三种说法：一是钱塘人（今浙江杭州市）；二是浙江海宁人（即今海宁县）；三是归安人（今浙江吴兴县）。这就有如迷雾一般，令人弄不清了。究竟哪一种说法才是可靠的呢？

为了揭开这个谜，我们首先需要把这几种说法的来由与依据分别辨认清楚。

第一是关于钱塘说，最早见于明代文学家、钱塘人田汝成的《西湖游览志馀》。该书卷十三《衢巷河桥》中说，钱塘“大瓦巷，北通宝康巷。元时，诗妇朱淑真居此”。后来田汝成又在《西湖游览志馀》卷十六《香奁艳语》中，说朱淑真是“钱塘人”，并叙及她的婚姻、恋情及诗作。稍后明代文学家、戏曲家冯梦龙（1574—1646）在《情史》卷十三也说朱淑真是“钱塘人”，似乎是节自田汝成的《西湖游览志馀》之说。及至清代诗人王士祯（1634—1711）于康熙十年在京师见到《璇玑图记》文末署作“绍定三年二月钱塘幽栖居士朱淑真书”，王氏因而写了一篇《朱淑真璇玑图记》，叙述这篇《图记》的内容，后来收在清康熙三十年刊行的《池北偶谈》卷十五。虽然《四库全书总目》对此图提出怀疑，说：“流传墨迹，千伪一真。此文出淑真与否，无从考证。”不过，不论是否相信这篇《图记》的作者是否朱淑真，但《图记》出现以后，人们对朱淑真的别号、籍贯、家世等，都有了较为统一的说法。

《四库全书总目》卷一七四《集部·别集类存目一》著录朱淑真《断肠集》二卷，就题写道：“宋朱淑真撰。淑真，钱塘女子，自号幽栖居士。”及后，清人沈雄的《古今词话》、陶之藻的《全浙诗话》等均沿用此说。例如刊行于清嘉庆元年丙辰陶元藻的《全浙诗话》，在卷十九《朱淑真》条里就综合了各家的记载，写道：“淑真号幽栖居士，钱塘下里人，世居桃村。”此后，关于朱淑真的籍贯，史家大致就认为是“钱塘”了。

第二是关于浙江海宁说。明朝田汝成之子田艺蘅撰著的《诗女史》，沿袭了乃父《西湖游览志馀》中对朱淑真的诸种说法，但他在《断肠集·纪略》中却说朱淑真是“浙中海宁人，文公侄女”，不过他没有说明所持的依据。继后，赵世杰的《古今女史》刊行于明崇祯元年戊辰，卷前的《姓氏字里详解·朱淑真》条，亦题朱淑真为“海宁人，文公侄女”。及至清代《四库全书总目》卷一九九《集部·词曲二》著录《断肠词》一卷，题写道：“宋朱淑真撰。淑真，海宁女子，自称幽栖居士。”清代胡薇元著《岁寒居词话》也载文为：“海宁朱淑真，乃文公族侄女。”四印斋刊本《断肠词》一卷，也题写为“宋海宁幽栖居士朱淑真”。《四朝诗选》则云：“淑真，海宁人，文公侄女也。”厉鹗的《宋诗纪事》卷八十七所载也与相同。

第三是关于归安说。此说只见于明代藏书家陈第的《世善堂藏书目录》。该书卷下有载："闺阁集《朱淑真诗》，二百篇，归安人。"陈氏的著录比田汝成、田艺蘅父子稍后，但书中并未说明"归安人"的根据何在。

上述三种说法，以"钱塘说"最为普遍地沿用。后人在引用钱塘一说时，还往往补入朱淑真在钱塘的所居地："宝康巷"，或"钱塘下里的桃村"。如近人朱鉴（朱惟公）校辑的《朱淑真断肠诗词》里还特别引出《西湖游览志馀》注明："（宝康巷）在涌金门内，如意桥北。"不过在今北京中华书局版《西湖游览志》中未见著录此条。关于海宁一说，亦屡见于典籍，如康熙四十八年刊行的《御选宋金元明四朝诗》，别录《姓名爵里》中的《朱淑真》条，便沿用此说。这部皇帝"钦定"的书，更是后来一般纂辑家的依据。至于归安一说，因为只见于陈第的《世善堂藏书目录》一书，又不知其根据何在，后人多认为此说系属附会，不足为信。

从朱淑真的作品中，我们可以清楚地找出她的生活足迹，她确实是在钱塘（今杭州）居住过的。她有许多记游杭州西湖的诗篇，例如《游湖归晚》诗里说：恋恋西湖景，山头带夕阳。

《吊林和靖》诗里也说：不见孤山处士星，西湖风月为谁清？

这类直接描写她经常见到的杭州西湖风景的诗篇，还有《湖上闲望》、《湖上小集》、《湖上咏月》、《梅蒸滋甚，因怀湖上》、《游西湖闻莺》等等，均可作为她常住杭州的证明。又如她的农事诗《东马塍》，写江南春色和农忙情景，据《杭州府志》谓："东西马塍在溜水桥北，以河分界。"皆为杭州（钱塘）名胜，可见那里也是朱淑真所熟悉的地方。

此外，朱淑真的《独坐感春》诗曰：

翠密藏鸦绿柳堤，伤春懒矣步桃溪。

梦回窗下日当午，匙鸠一声林外啼。

这就更清楚地写到由她居所的窗户，可以望见桃溪，这里也就是她所住的桃村或桃溪之所在地了。

生活在钱塘，是否表示她的籍贯就是钱塘呢？然而，居处和籍贯不可混为一谈。

朱淑真虽然生活在钱塘（杭州），但经我们多方面的引证考订，她的籍贯却是海宁。不过古代的海宁县有两个地方，一处在现今的安徽省地域，一处在现今的浙江省杭州地域。朱淑真祖籍的海宁不是浙江的海宁，而应当是安徽的海宁，也就是与朱熹（文公）的祖籍“歙州”（徽州婺源）同在一地。

为什么这样说呢？因为我们经过详细的考订，发现了下列主要的依据。

首先，历代对朱淑真籍贯的考订，是由“钱塘说”转向到较为确切的“海宁说”。明代文学家田汝成是钱塘人，他在《西湖游览志馀》中，首先提及朱淑真的籍贯是钱塘人，但他对朱淑真的认识并不深，以致在《西湖游览志馀》中，把朱淑真误作元代人，所以他记述朱淑真为“钱塘人”，也可能只是依据传闻或朱淑真某些作品而妄下的判断，并未作过深入的考证；或者仅是指朱淑真的所居地而言。田汝成之后，明人对朱淑真的研究逐渐加深，同时亦开始搜集朱淑真的诗词辑集刊行。例如毛晋寻得洪武钞本刊于汲古阁，由此也可见万历年间，明人对朱淑真的认识与载述均较前为翔实。田艺蘅虽然在《诗女史》中载述朱淑真时，沿袭了他父亲田汝成的说法，但在汲古阁刊本《断肠集·纪略》中，则提出了朱淑真为“浙中海宁人，文公侄女”的说法。这一较新的说法，相信是田艺蘅经过一番考订，或进一步得到有关朱淑真的材料而作出的论断，当然比其父亲田汝成的说法较为正确。刊于明朝崇祯元年的《古今女史》及清朝康熙年间撰写的《宫闺氏籍艺文考略》、《御选宋金元明四朝诗》，也采用了“海宁人”的说法。可见朱淑真为海宁人的记载，必定有相当的根据。

第二，安徽的休宁，古代称为海宁，田艺蘅考订朱淑真籍贯的“海宁”，应当是安徽的休宁，属徽州府，亦即朱熹的祖籍徽州婺源。

《四库全书总目·集部·词曲类》说：“淑真，海宁女子，自称幽栖居士。是集（《断肠集》）前有《纪略》一篇，称为文公侄女。然朱子自为新安人，流寓闽中，考年谱世系，亦别无兄弟著籍海宁，疑依附盛名之词，未必确也。”后人多据此驳斥朱淑真乃“海宁人，文公侄女”之说。其实《四库全书总目》此处后半段的说法，是不恰当的，因为据我们初步考订，“新安”与“海宁”应该是同属一州，甚至有可能同是一地。《宋史·朱熹传》说，朱熹为徽州婺源人。清代王懋竑纂订的《朱子年谱》也说：“先生本歙州人，世居婺源之永平乡松岩里。”这里说的“本”即指他的原籍，对其占籍（指落户定居）则未提及，但可以确定朱熹的祖籍是徽州婺源。今人臧励和等编著于1931年出版的《中国古今地名大辞典》，编录甚为精确，对历代地理编著的错漏亦有所纠正，该书谓徽州乃是：

唐置，汉以后新安郡地，唐歙州地。宋改徽州，治歙。元为徽州路，明为徽州府。清因之，属安徽省。而婺源县乃是：以婺水绕城三面，因名。故城在今安徽婺源县北十五里，即清化镇。后移治兹高，即今城也。清属安徽徽州府，今属安徽芜湖道。

再查《宋史·地理志》四，“江南东路”条，则称：

徽州，新安郡，军事。宣和三年，改歙州为徽州。县六：歙、休宁、祈门、婺源、绩溪、黟。由此可见，宋代的休宁县及婺源县同属江南东路的徽州新安郡。

至于海宁，《中国古今地名大辞典》称：海宁，三国吴海阳县。晋改名海宁，隋改名休宁，即今安徽休宁县治。

《晋书》与《隋书·地理志》所载均与此相同。由此可见，海宁实为休宁一地的旧称。而上述《宋史·地理志》已经说明休宁也属宋代徽州地。再查《中国古今地名大辞典》，休宁一地为：

汉歙县地，孙权分置黎阳、休阳二县。后避孙休讳、改休阳为海阳，晋改为海宁，隋改日休宁。清属安徽徽州府，今属安徽芜湖道。

综合上列资料，可见婺源县与休宁县同在今安徽省内，民国时均属安徽芜湖道。《元史·地理志》就说得更清楚了：徽州路。唐歙州，宋改徽州。元至元十四年升徽州路。县五：歙州、休宁、祁门、黟县、绩溪。

《元史》同卷又说：婺源州，本休宁县之回玉乡，唐析之置婺源县，元元贞元年升州。

由此，我们完全可以得出结论。婺源与休宁同为徽州属县，甚至同属一地，而休宁旧称海宁，因此，田艺蘅所说的“海宁”，应当是徽州的休宁，也就是朱熹的祖籍徽州婺源。所以，田艺蘅说朱淑真乃“文公侄女”，是实有根据的。

但是为什么又有人把朱淑真原籍的徽州海宁，说成是浙江的海宁呢？那是由于《元史·地理志》及《明史·地理志》载称，杭州府亦有海宁。而清人顾祖禹在《读史方舆纪要》里，也有谓浙江海宁自三国以来，都置盐官县，元朝元贞初升为盐官州，天历二年更日海宁，明朝初年则改州为县。因此，后人大部分均误以为朱淑真的籍贯“海宁”，是杭州府属的海宁，这样自然就与朱熹祖籍徽州无关了。

不过，如上面所述，朱淑真的“海宁”籍，正确的应是徽州一地，当与朱熹同籍。另外，又因为浙江海宁靠近杭州（钱塘），在杭州东北面，属杭州府，而朱淑真又有许多诗词表明她是长住杭州（钱塘），还有所谓“钱塘幽栖居士”之称，于是就推测“海宁”是杭州府属的海宁了。所以，我们订正朱淑真的祖籍是徽州海宁，但还不知道她何时侨寓于钱塘。不过完全可以确定，她曾在钱塘长期生活，因此，她的占籍应当是钱塘。《璇玑图记》文末署的“钱塘幽栖居士朱淑贞书”的“钱塘”，乃指朱淑真当时幽居的地方。

第三，关于朱淑真是“文公侄女”一说，从广义的宗族辈分来看，也是可以成立的。因为明代人既然考查出朱淑真祖籍与朱熹相同，而二人的生活年代又相同，因此才产生这种说法。至于朱熹与朱淑真有否真正意义上的宗族关系，那实在难于考证。从二人的作品中，完全未有见及此种“叔侄”关系的记载。不过，我们认为二人既是同乡，则后人可以说朱淑真是“文公侄女”。清代胡薇元《岁寒居词话》就有“文公族侄女”的说法。“侄族女”或“侄女”只表示其宗族的辈分，若是同乡，她是文公的“侄女”是可以成立的。

第四，今存的朱淑真书残石拓本，可作为朱淑真祖籍安徽的佐证。

清代学者况周颐在《蕙风词话》卷四中，曾记载他寻得朱淑真手书残石拓本的情况。书中写道：

余顷得愫本甚精，并朱淑真书残石别藏某氏者亦得拓本。（正书二十行，不全，字径三分）。淑真书银钩精楷，摘录世说“贤媛”一门，涉笔成趣，无非懿行嘉言，而谓驵妇能之乎？

此拓本现在仍然保存在中国国内。今国内学者黄爱华曾亲自见过此拓本。为此，她写有《朱淑贞籍贯新考》一文谓：

笔者所见乃完整。正书三十一行，行二十字，凡五百四十五字。末有长圆形“淑贞”小朱印一方，及数枚徐范的印记。自题“古歙朱淑贞录”。则朱淑贞当为歙州人。歙州本隋置，唐因之，宣和三年改名“徽州”，故朱淑贞署为“古歙”。

黄氏于此文中，并附有朱淑真的拓本照片，照片十分清楚见出“古歙朱淑贞录”五字。这个拓本的真伪问题，现在没法考证，但从此可以作为朱淑真祖籍安徽的一个佐证。

综合以上的资料及分析，朱淑真的祖籍是安徽海宁，而钱塘乃是她的寓寄之地。

南宋仕女，生年未知

朱淑真的籍贯确定了，至于她的生卒年代为何时，由于南宋魏仲恭写的《断肠集》序中对此只字未提，而王唐佐作的传又无法觅见，因此后人研究的结果，较之她的籍贯，说法更见紊乱。甚至明朝田汝成的《西湖游览志》竟说她是“元时诗妇”，后退到她死后为她写序的魏仲恭之后逾百年，连朝代也不同了，自然十分荒唐；但公认朱淑真为宋人的仍然众说纷纭，判定她的生活年代也相去甚远，往往亦逾百年以上。迄今为止，大体上可以区分为下列三种说法：一是北宋人；二是北宋末朝至南宋初期人；三是南宋人。下面我们分别就这些不同说法，一一加以辨证。

由于朱淑真《断肠集》中，有一组诗题名为《会魏夫人席上，命小鬟妙舞；曲终，求诗于予，以“飞雪满群山”为韵，作五绝》，共五首。因而部分研究者认为，诗中的“魏夫人”是北宋徽宗时的丞相曾布之妻，朱淑真与她互相酬唱，自然也是北宋人了。

此说最早见于明入沈际飞的《批点“草堂诗余别集”》，书中说：“曾子宣丞相内子，朱淑真同时。”据宋人汪藻《浮溪集》卷一《右中大夫直宝文阁知衢州曾公墓志铭》中有载：“丞相文肃公布之第四子也，母日鲁国夫人魏氏。”曾布，乃曾巩之弟，宋徽宗时为相，《宋史》卷四百七十一列曾布于奸臣传。但观其生平，颇为耿直，谥号且为文肃，若非宋时新旧党争的缘故，他可能不会落人奸臣传中；其妻魏氏因丈夫功业禄位封为鲁国夫人。魏氏工诗善文，词名倾盖一时，人称魏夫人。其作品及事迹在宋人黄升的《唐宋诸贤绝妙词选》卷十，宋人王灼的《碧鸡漫志》卷四，及清人曾燠的《江西诗徵》卷八十五等，均有记载。

沈际飞之后，清代《香艳丛书》第七集三卷《宋词媛朱淑真事略》更引《历代诗余·词人姓氏》，说朱淑真“与曾布妻魏氏为词友”。清人况周颐在其所著《蕙风词话》卷四中也主张此说，并且还进一步指出，《璇玑图记》所署的年月“绍定三年”是“绍圣三年”之误。他又从词作的风格上论证，认为“淑真清空婉约，纯乎北宋；易安笔情近浓至，意境较沈博，下开南宋风气”。因此断定朱淑真为北宋人，生活年代比李清照还要早些。今人台湾潘寿康在《朱淑真的籍贯和生平考》一文中，也认为《璇玑图记》乃写于绍圣三年，并指出朱淑真于这一年的除夕，写有《除夜》一诗，因诗中有“且是作诗人未老”句，认为她这时不老不少，正合白居易《松斋自题》所说的：“非老亦非少，年过三纪余”，从而定出她这年刚满 34 岁。于是由此上推，说朱淑真当生于北宋仁宗嘉祐八年，比李清照早出世 21 年。

但是把“魏夫人”认定为曾布妻的说法，实在武断。因为在朱淑真《断肠集》中，除了有“魏夫人”外，还有《宴谢夫人堂》、《次韵见赠简吴夫人》等诗，可见在她的交游中，贵族已婚士女都好以“夫人”相称，故“魏夫人”之称谓，不一定就是指曾布的妻子魏氏，或者是指某一位姓魏的上流社会妇女，或者是某一姓魏的官绅夫人，就像她诗集中写到的谢夫人、吴夫人一样。因此，以《断肠集》中的《会魏夫人席上》的魏夫人指认为曾布妻，实在陷于孤证而毫无根据。

其次是《璇玑图记》所书写的年月问题，这篇文章是否由朱淑真所作，还有待进一步考证；而在无法进一步辨证其真伪之前实在是不宜用作例证的，况且文末所署的“绍定”是南宋理宗的年号，绍定三年为公元 1230 年，距魏仲恭撰写《断肠集·序》的孝宗淳熙壬寅年，已相去 46 年，显然是有违逻辑的。

至于况周颐在《蕙风词话》中，以词作的风格论证朱淑真为北宋人，也是不实际的。因为每一个时代文学的风格，并不是一种绝对的约束。词在北宋初期被视为“小道”，大多数是替歌妓舞女言情的应酬之作。自北宋中叶以后，词和音乐渐渐分开，词作不一定给予伶工妓女酬唱，而渐以作者自己发抒感情为主，所以内容比较沉博、情感更趋欷挚，吐属亦渐见清雅。这种词风，至南宋中叶，变化仍然不大。李易安(清照)、朱淑真当为这一段时期的女词人，二人生活年代相当接近、词风亦接近，实难以此推断二人生活年代的先后，所论缺乏根据。

综上所述，“北宋说”是不能成立的。

国内学者冀勤在《试谈朱淑真和她生活的年代》一文中，指出朱淑真诗词的作品风格与内容，颇能反映北宋哲宗、徽宗时期都市人民的生活情感；又认为《元夜》诗中的“六街灯火丽升平”的“六街”以及《元夜遇雨》中的“皇州”、《闲步》中的“天街”等等，都是实指北宋的都城汴京。冀勤的文章还说，朱淑真的《苦热闻田夫语有感》及《喜雨》等诗，当是作于北宋绍圣四年，这正好符合了《资治通鉴》卷八十五所载的这年“两浙旱饥”。所以他断定：“朱淑真生活年代约在北宋神宗元丰二、三年至南宋高宗绍兴初年间；在人间度过了五十多个春秋。她比李清照约早四五年出世，早二十多年去世。”

稍后，张璋、黄畬也主张此说。在他们校注《朱淑真集》而写的《前言》中写道：“从其（朱淑真）《会魏夫人》诗看，北宋神宗元丰初，她已有社交与文学活动，又从其《夜留依绿亭》中所说的‘风传宫漏到湖边’句看，到南宋高宗八年迁都临安时，她仍在世，因此可以推断，她是从北宋末期到南宋初期的人。她与李清照虽然都是处于南宋交替时代，但其生卒要略早于李清照。”

然而这派人的说法，仍然是不确切的。就以朱淑真诗中写到的“六街”来说吧，冀勤以为“就是实指北宋的都城汴京的。在两宋时期的都城中，只有汴京有六街，临安是没有的”。其实在古代的诗文中，六街、六衢、九街、九衢、九陌、九格等等，都是京师市廛的通称。所谓“六街”就是泛指京师都城大街，并非专指其一固定的都城。唐宋金元诗人，均以“六街”比喻京都。例如唐代元稹的《酬白太傅》诗就有：“三径池塘静，六街车马忙。”唐代姚合的《同诸公会太府韩卿宅》也有：“六街鼓绝尘埃息，四座筵开语笑同。”都是指唐朝京师六街。北宋许将的《临江仙·圣主临轩亲策试》也有：“蓝袍香散六街风”。则指北宋汴京六街。南宋金德淑的《望江南·送汪水云归吴》：“六街灯火已阑珊，人立蓟楼间。”则指元大都六街。金代元好问的《赵汲古南园》诗：“林园近与六街邻，尘涨都归一水分。”则指金代京城之六街。元代郑玉的《元宵诗》：“六街三市浑如画，寄语金吾莫夜巡。”则指元代京城之六街。由此可见，“六街”一词，乃指京师市廛，唐宋至金元都是沿用不衰的。因此，冀勤以“六街”仅指汴京之说，是不符合事实的。

至于冀勤以朱淑真的《喜雨》等诗，张璋、黄畬以《会魏夫人》、《夜留依绿亭》等诗来推断朱淑真是两宋之交的人，也都只是一种主观的推测，没有科学的根据。例如冀勤把朱淑真的《苦热闻田夫语有感》及《喜雨》两诗，认定是专写北宋绍圣四年的“两浙旱饥”，这就纯属是一种随意的附会。其实，宋代农民生活困苦，田税扰农，两宋文人多有同情农民疾苦的诗句，未必囿限于记述某一次的灾情。况且，两宋时，大水旱蝗等灾害，屡屡发生。南宋孝宗时，两浙也有大旱，《宋史·孝宗本纪》载：“隆兴元年，南方有白气，是岁以两浙大水，旱蝗，江东大水，悉蠲其租。”如果一定要说朱淑真的农事诗是记述某一次的灾情，则也有可能是记述此事，因此冀勤的说法，未免武断。

综上所述，朱淑真是北宋末期至南宋初期人的说法，也是不可信的。

探索作品，生活再现

我们考证朱淑真为南宋初期人，除了在前人的研究基础上再三印证推敲之外，最主要的论据还是在朱淑真本身的作品中去加以探索得来的结果。

宋人写诗填词，每每喜欢套用前人的句子，或者隐括前人诗句入诗。朱淑真的《夏枕自咏》诗中："起来无筒事，纤手弄清泉。"就用了苏轼《玩郎归》的"玉人纤手弄清泉"的字句。朱淑真的《春归》诗，有"片片飞花弄晚晖"句，也用了秦观（少游）的词《八六子》里的"片片飞花弄晚"六字。朱淑真这样把东坡及少游的词句，整句写入其诗作之中，肯定不是与苏轼及秦观同时期的人。

其实在《断肠集》中，苏、秦二人的词句，屡被朱淑真灵活运用，例子不胜枚举。比如，苏轼说："人似秋鸣来有信"（《和子由渑池怀旧》）。

朱淑真说："征鸿有阵全无信"。（《九日》）

苏轼说："不与梨花同梦"。（《西江月》）

朱淑真说："不似梨花入梦频"。（《冬日梅窗书事四首其四》）

苏轼说："春色三分、二分尘土、一分流水"。（《水龙吟·次韵章质夫杨花词》）

朱淑真说："枝上浑无一点春，半随流水半随尘"。（《初夏》）

秦观说："花飞半掩门"。（《南歌子》）

朱淑真说："花下半掩尘"。（《伤春》）

秦观说："砌成此恨无重数"。（《踏莎行》）

朱淑真说："砌成幽恨斜阳里"。（《柳》）

如此等等，可见一斑。由此亦可以看出，朱淑真对苏、秦二人的文集，必定十分稔熟。据此，朱淑真的生活年代，应当后于苏轼及秦观，因而朱淑真才得以通读他们的作品。苏轼卒于宋徽宗建中靖国元年，秦观则比苏轼早一年逝世，朱淑真的生活年代，应在北宋苏轼及秦观之后。

朱淑真的《杏花》诗句："浅注胭脂剪绛绡"，明显地运用了宋徽宗《燕山亭·北行见杏花》词里的语句："裁剪冰绡，轻叠数重，淡著燕脂匀注。”徽宗这首词写于靖康二年北上途中。朱淑真得阅此词而加以运用于自己的诗作之中，更可见出朱淑真的生活及写作年代，一定是在宋徽宗北上之后，即南宋初年。

朱淑真的《雪夜对月赋诗》一首中，有“看来表里具清彻”一句，套用了南宋词人张孝祥《念奴娇·过洞庭》的词句：“素月分辉，明河共影，表里俱澄澈”，只将“表里俱澄澈”改动了一个字。张孝祥生于南宋高宗绍兴二年，卒于孝宗乾道五年。虽然只活了三十九年，却是上承苏轼、下启辛弃疾的重要作家。乾道元年，张孝祥知静江府（今广西桂林），据《宋史》卷三百八十九《张孝祥传》，说他“治有声绩，复以言者罢。”由于遭受攻讦而落职，心中充满愤恨不平，但又感到自身光明磊落。乾道二年八月，他罢官北归，路过洞庭湖，写下了这首著名的《念奴娇》词。张孝祥为孝宗时人，此词写于孝宗乾道二年，此词被朱淑真所引用，可见此词必为朱淑真所稔熟。张氏卒于朝道五年，而朱淑真于魏仲恭作序时，即淳熙九年已去世。依此推论，张孝祥死后至淳熙九年前的十三年间，朱淑真至少在前十年中在世，因而能够稔读张氏的名作《念奴娇》。所以，朱淑真与张孝祥同为南宋孝宗时人，是为铁证。

后人研究朱淑真词，多与李清照词并论，认为这两位宋代女文学家的写作技巧及词风，都十分相近。明代张埏在《草堂诗余别录·李清照（武陵春）评》中说：“（李）诗不足录也，结句（指‘载不动许多愁’句）稍可诵，朱淑真‘可怜禁载许多愁’祖之，岂女辈相传心法耶!”清代吴衡照在《莲子居词话》里也说：“易安‘眼波才动被人猜’，矜持得妙；淑真‘娇痴不怕人猜’，放诞得妙，均善于言情。”这些评论，都可以同时见出李、朱二人有承传关系，但后人因未能确定朱淑真的生活年代，故不敢肯定“谁”影响“谁”。根据我们的推断，李、朱词风之所以近似，除了两人生活经历有相同之处外，李清照对朱淑真的影响和朱淑真对李清照的师范有着很大关系。这在表达愁情、描绘意境和遣词用句方面都有着明显的痕迹。例如：

李清照说："绿肥红瘦。"（《如梦令》）

朱淑真说："绿肥红浅。"（《西江月·春丰》）

李清照说："试灯无意思，踏雪没心情。"（《临江仙》）

朱淑真说："写字弹琴无意绪，踏青挑菜没心情。"（《春景》）

李清照说："又是寒食也，秋千巷陌人静，皎月初斜，浸梨花。"（《怨王孙》）

朱淑真像

朱淑真说："寒食不多时……闲却秋千索……寂寞梨花落。"（《生查子》）

更明显的如李清照写："非干病酒，不是悲秋"（《凤凰台上忆吹箫》），而朱淑真则隐括为"非干病酒与悲秋"（《得家嫂书》），实在不难见出朱淑真曾经熟读李清照的诗词，而且有时有意与李清照比并。李清照在当时词名已经相当显赫，据黄盛璋《赵明诚、李清照夫妇年谱》称，李清照生于北宋神宗元丰七年，卒于南宋高宗绍兴二十一年以后，大约活了六七十岁。

宋室南渡以后，李清照受着丧夫亡国之痛，流徙浙江、金华一带，晚年卜居临安（今杭州），她的诗词大抵在南方亦流行甚广。

我们从朱淑真灵活引用李清照的词句中看到，朱淑真必定生于李清照之后，所以才会如此熟读李清照的作品。

由此可见，我们纯粹是从朱淑真作品中的遣词用句方面去加以研究，从而得见朱淑真的写作，乃深受苏轼、秦观、李清照、宋徽宗、张孝祥等人的影响。因此朱淑真的生活年代，必然在他们之后。这是说明朱淑真是南宋人的一部分论证。

官宦之家，富裕贵族

朱淑真出生于一个有着浓厚书香气息的官宦之家。明代徐伯龄在《蟫精隽》卷十四《女人咏史》中认为："宋朱淑真，钱塘民家女也，能诗词，偶非其类而悒悒不得志。"把朱淑真说成出身于民家之女，实在错误。这种错误，可能是因为前人对朱淑真的婚姻载述，均谓"嫁市井民家"，所以误以朱淑真为市井民妇，以致对她的家世，也有所误解。其实朱淑真的家世，况周颐在《蕙风词话》中已作了很详细的考证。况氏根据朱淑真的诗作，如《晚春会东园》、《春游西园》、《西楼纳凉》、《夏日游水阁》、《纳凉桂堂》、《夜留依绿亭》等多首诗中加以论证，认定：其（朱淑真）家有东园、西园、西楼、水阁、桂堂、依绿亭诸胜。家居如此宏伟，这当然是富裕的家庭。此外，朱淑真还有其他诗作的内容，也可以作进一步的论证。例如《江上阻风》诗云：

拨闷喜陪尊有酒，供厨不虑食无钱。

酒食任意开销，无需考虑金钱，自然是富贵人家。

而《暮春》诗则云：

绿槐高柳浓阴合，深院人眠白昼闲。

这又是名门世家养尊处优的写照。

再有《诉愁》诗云：

日家庭院春长锁，今夜楼台月正圆。

也是高门深院、楼宇成群的表现。

还有《酒醒》诗云：

梦回酒醒嚼盂冰，侍女贪眠唤不应。

《睡起》诗又云：

侍儿全不知人意，犹把梅花插一枝。

无论是起居饮食，还是游玩耍乐，均有丫环侍女陪同，随时听候使唤，更非寻常民家所能享有。

从朱淑真这些记述日常生活的诗篇中，不难看出她确实是一位富贵人家的小姐。特别是在朱淑真的作品里，大多都带有一股浓郁的酒香气息。在她现存的337首诗中，就有53首说及饮酒的；33首词中，也有八首描写以酒解愁的，可见她是经常饮酒的，以“沉湎于酒”的方法，抒发寂寞的情怀，或麻醉跳跃的性灵。然而，能够经常喝酒的宋代仕女，除了歌妓之外，必是富贵人家的小姐或太太，因为宋代酒价及酒税均重，普通民妇是不能负担的。实际上，宋代官宦人家的小姐及太太，每多嗜酒，甚至以此来显示自己的身份地位。例如李清照的词，亦带有浓厚的酒气。《漱玉词》中，描写以酒排愁的就有十八首之多，其中的“莫许杯深琥珀浓，未成沈醉意先融”（《浣溪沙》）、“酒阑更喜团茶苦，梦断偏宜瑞脑香”（《鹧鸪天》）、“随意杯盘虽草草，酒美梅酸，恰称人怀抱”（《蝶恋花》），以及“香车宝马，谢他酒朋诗侣”（《永遇乐》）等词句，都颇能显示了官太太的优越生活。

据《建炎以来朝野杂记》载云：祖宗盛时，两浙岁入钱三百三十余万缗，而盐、茶、酒税十居其八，郡国支计皆在其问。

《宋会要辑稿·食货》也曾如此载曰：

（孝宗）乾道八年八月三日，权户部尚书杨校言：“国家岁入，惟仰酒务。”

从以上所引的两个例证，可知酒课对两宋经济的重要性，而且得见酒价颇高，非富贵之家，不能常饮。朱淑真能经常以酒消愁，可见她的家境应当十分富裕。

又从朱淑真的文字修养来看，她显然是一位出自官宦之家的闺秀。假如没有悠闲丰裕的生活、优美的环境以及艺术气氛的熏陶，断不能写出那许多文辞秀丽之诗句，而且诗句吐属口吻，非贫家市井女子可比。再有，朱淑真还工绘事、晓音乐、懂律历、善书法，这一定是自小受到家学的熏陶。朱淑真的父亲，已知曾在浙西等地做官，又好清玩，对文学艺术均有爱好。朱淑真的祖先，虽无资料可考，但是可以想见，也必为官宦之辈。朱淑真祖籍徽州海宁，其先祖与朱熹的先祖可能同在徽州做官，因此《纪略》及《古今女史》说朱淑真是朱熹的侄女。此点上一章已作过详细的辨证，这里考述朱淑真的家世，亦可作为一种附证。

文人父母，见识博广

朱淑真出身于富裕的官宦人家，她的父亲是做官的，但其名字与经历均不可考，而据史料的记载和后人的说法，又多有分歧。主要集中在：第一，朱淑真是“早失父母”抑或是“父母失审”？第二，她的父母是否“无识”？父母是否“早失”？对于朱淑真父母的记载，最早见于魏仲恭的序文。他说：（朱淑真）早岁不幸，父母失审，不能择伉俪，乃嫁为市井民家妻。一生抑郁不得志，故诗中多有忧愁怨恨之语。又说：其（朱淑真）死也，不能葬骨于地下，如青冢之可吊，并其诗为父母一火焚之。今所传者，百不一存，是最不幸也。

据此，得知朱淑真的父母，在她死时，仍然健在。而且，她的父母对她一生的影响十分重要，因为古代的女子，以出嫁婚配为一生的幸福标准。朱淑真在父母的支配下，嫁给一个粗鄙之人，使她一生抱怨。后人记述朱淑真的父母，多沿用魏氏之说。例如明代田汝成的记载：

朱淑真者，钱塘人。幼警慧，善读书，工诗，风流蕴藉。早年，父母无识，嫁市井民家，其夫村恶，蘧除戚施，种种可厌；淑真抑郁不得志，作诗多忧愁怨恨之思。田艺蘅（田汝成之子）的《诗女史》亦谓朱淑真：

父母不能择配，嫁市井儿，村恶侵范淑真抑郁不得志。

又《诗女史纂》载朱淑真：

早岁不幸，父母不能择伉俪，乃嫁为市井妻。其夫村恶，蘧篨戚施，种种可厌。

都是说朱淑真的父母在朱淑真的婚姻择配上失审，以致朱淑真抱恨终生。但明代冯梦龙的《情史·朱淑真》条，却说朱淑真：早失父母，嫁市井民妻，其夫村恶可厌。淑真抑郁不得志，作诗多忧怨之思。

《古今图书集成·闺媛典》卷三三五《闺藻部·朱淑真传》亦云：按诗话：朱淑真，钱塘人，幼警慧，善读书，早失父母，嫁市井民家，其夫村鄙可厌。淑真抑郁不得志，作诗多忧怨之思。

上述《情史》及《诗话》《图书集成》所引的记载，都说朱淑真早失父母，这与魏仲恭、田汝成等人的载述，并不一致。究竟朱淑真是否“早失父母”呢？答案应该是否定的。因为从朱淑真的诗作中，已可以清楚见出，朱淑真在出嫁后，尚有诗、信寄给她的父母。例如她的《春日书怀》诗有云：

从宦东西不自由，已无鸿雁传家信。

此外，《春色有怀》、《寒食咏怀》、《舟行即事》（六首）等诗，言及的“亲闱”、“亲帏”、“南陔”、“陟岵”、“庭闱”等等，都是对父母而言，有的甚至明白写出“思亲”、“亲庐”等字句，更是直接表明想念父母的情怀。这些都是朱淑真客里怀土思亲之作。诗中所云“去家千里外，飘泊若为心”、“极目思乡国，千山更万津”、“回望乡关万里余”等，可见其所居之地离她的父母家很远。又其诗中有云：“客里逢春想恨浓”及“岁暮天涯客异乡”之句，可见她是客居异地所作。朱淑真为何会离亲而客居异地呢？这当然是如《春日书怀》诗中所说：“从宦东西不自由”了。

不过，所谓“从宦”却有两种可能。一种是她的父亲作官，她随着父亲在外面，而思亲之诗是因思母而作；一种是她的丈夫作官，她随着丈夫在外面，而思亲之诗是因思念父母而作。她的《寄大人》诗中，明言“诗诵南陔句，琴歌陟岵音”。据《诗经·小雅·南陔序》：“《南陔》，孝子相戒以养也，有其义而亡其辞。”

又《诗经·魏风·陟岵序》云：“陟岵，孝子行役思念父母也。”诗云：“陟彼岵兮，瞻望父兮。”又日：“陟彼屺兮，瞻望母兮。”可见朱淑真思亲之“亲”字，一定有她的父母在内。据此，可见她“思念”的人，应是她的父母，而“从宦”的人，应是她的丈夫。又她的《寄大人》诗中有云：“欲识归宁意，三年数岁阴。”

这“归宁”二字，自然是指归省父母家而言，十分清楚地说出她盼望丈夫三年官期任满，从而使她得以归宁父母。如果是随父宦而思母，何来“归宁”之有？

以上析论，得见朱淑真决不是“早失父母”，《情史》及《诗话》的记载，应当是“早失于父母”之误。依此，魏仲恭序文说及朱淑真死后，其父母仍然健在，并且把朱淑真的诗作焚毁的记述，应当是可信的。但朱淑真的父母因为“不审”，替朱淑真择错配偶，从而造成朱淑真终生的痛苦。

朱淑真既非“早失父母”，那么她的婚配，当然由父母作主了。《西湖游览志余》说她“父母无识”。关于她的母亲，因为文献不足，不得而知，姑且不谈；但她的父亲是真的“无识”吗？从朱淑真的作品看来，她的父亲有相当的见识，而且曾经做官。

第一，《璇玑图记》说：

初，家君宦游浙西，好拾清玩，凡可人意者，虽重购不惜也。一日家君宴郡倅衙，偶于壁间见是图，赏其值，得归遗予。于是坐卧观究，因悟璇玑之理。

《璇玑图记》是否真正出自朱淑真的手笔，无从考证，但后人多数据此论述朱淑真的家世。若据此图记，可知朱淑真的父亲曾在浙西做官，而又好清玩，怎能说是“无识”呢？

第二，朱淑真有诗云：

诗礼闻相远，琴樽谁是亲？

——《寄大人》二首之二

把酒何时共，论文几日亲？

——《和前韵见寄》二首之二

从这些句子里，可以知道她的父亲不但不至于“无识”，甚至有很高的文学造诣；不然，又怎能与才华出众的女儿谈诗论文呢？

第三，此外，朱淑真又有《得家嫂书》的诗：

声声喜报鹊温柔，忽接芳缄自便邮。
一尺溪藤搞锦带，数行香墨健银钩。

由此可见，朱淑真的兄嫂，均解翰墨，自然并非一般“父母无识”

的普通人家。

第四，再者，从朱淑真的写景及纪事诗作中，也可见她的家庭环境，相当优越，不似一般“父母无识”的市井民家，而且恰恰相反，极为符合官宦人家的派头。

综上所述，朱淑真父母的名字、官职等资料虽不可考，但决不是无识的普通民家，则是可以确信的。况且从朱淑真所受的家庭教育和文学艺术熏陶的情况来看，朱淑真不仅出身于富裕的官宦之家，而且其父母亦承接了书香门第的传统。也许正因为如此，父母严守的封建礼教思想、讲究门当户对、包办儿女婚姻等等观念，令致朱淑真在恋爱婚姻问题上，被葬送了一生的幸福。

朱淑真父母的名字、官职、事迹等资料，历代已经无法考查。但近年却有青年学者提出“新考”，认为朱淑真的父亲，应为宋代隆兴元年进士、后来官任浙西转运判官及临安知府的朱晞颜。

究竟朱晞颜为何许人氏？这位青年学者据何理由推认他为朱淑真的父亲呢？

论者根据程敏政《新安文献志》卷八十二所载：“《宋故通议大夫守尚书工部侍郎致仕休宁县开国男食邑三百户赠宣奉大夫朱公晞颜行状》（该文为朱晞颜的门生谈论所撰写），略述：朱晞颜，字子渊，徽之休宁人。名为晞颜，是取其钦慕颜回之意。晞颜的父亲朱逢时，曾赠中大夫。晞颜于隆兴二年举进士，后来历任京西转运判官，静江知府等职，绍熙四年六十岁，授中大夫，庆元二年，除太府少卿总领江东兵马钱粮，四年八月迁权工部侍郎，五年六月兼知临安府带浙西帅，庆元六年卒。晞颜有三子一女，三子名克己、立己、成己，一女适宣教郎主管佑神观汪纲侍御史。晞颜之妻子封为令人，卒于晞颜亡故后数月。夫妻二人爱女甚笃，晞颜卒时三子尚幼，因而把后事托付给女婿汪纲，其卒后荫官于诸侄而不及其子，云云。”此外，论者又据《新安文献志》卷九十六载章琰撰写的《武翼郎差监泉州市舶务朱公由义墓志铭》，得知：朱由义是朱晞颜之弟朱晞孟之子，由伯父朱晞颜卒后荫官。宋代理学家朱熹（文公）是朱由义之从祖，如此推知，朱淑真是朱晞颜之女，与朱由义是叔伯姐弟，亦当是朱熹的从孙女也。据此，论者进一步指出："世以为淑真是文公侄女，虽误，殆亦有因矣。"

论者为何说朱淑真是朱晞颜之女呢？其举出三条极为简单的理由：第一，"两人都是休宁朱姓"；第二，"晞颜曾数次在浙西作官，与淑真《图记》中'初，家君宦游浙西'相合"；第三，"《行状》称晞颜夫妇极爱此女，而《断肠诗集》中'断肠'原因一半是辞亲远游、不得承欢膝下，印证了她对父母的感情深过常人。"

此外，论者还举出朱淑真的两首诗《题王氏必兴轩》、《贺人移学东轩》，解说其中的诗句与朱晞颜家的人事有关，从而得出结论："确乎淑真为晞颜之女了。"

朱淑真之父为朱晞颜，此一说法颇为新颖，言前人之所未言。但观其列举之理据，均属牵强附会，甚少具有说服力。譬如第一二两条"证据"，说是同县同姓的人在同一地方作官，而没有其他任何理据，就判定是同一个人，这种推论只能"想当然"而已。再者《图记》（指《璇玑图记》）是否朱淑真所作，历来颇多争议，不能作为定论。而把朱淑真的《断肠诗》，解释为不能承欢父母膝下而"断肠"，把某一两首诗的含义认定为与朱家的人事有关，从而判定朱淑真与朱晞颜具有血缘关系，都只是一种臆测，缺乏事实的根据。论者举不出任何文献记载和资料涉及到朱淑真与朱晞颜之间的关系。更重要的是，若把朱淑真看作是朱晞颜之女，则与已知的朱淑真的生平事迹和作品内容不符，因此至今还无人认同此一"新考"。但是，作为一种学术探索，即使有所存疑，其探索的本身就值得肯定和鼓励，有其存在的价值。因此，本书欣喜地把这个新的探究加以推介，期望对朱淑真的研究工作，有所增益。

诗词赏析

《掬水月在手》

无事江头弄碧波，分明掌上见姮娥。

不知李谪仙人在。曾向江头捉得么？

朱淑真在《断肠诗》的卷十里写道："幼年闻说，有一人鬻文于京师辟雍之前，多士遂令作一绝句。以'掬水月在手'为题。客不思而书云：'无事江头弄碧波，分明掌上见姮娥。'诸公遂止之，献金以周其行。"事实上，南宋时期随着商品经济的发展，诗文字画也逐渐成为商品，形成了一定的消费市场，并初步出现文人职业化的倾向。不少江湖诗人博学多才，具有专长，就以此谋生，作为他们经济收入的又一种来源。而到了南宋，这种"卖诗"现象就更为普遍，江湖诗人经常谈到自己以"卖诗"谋生的情况。朱淑真说，客人的这两句诗写得真好，可惜不全，于是朱淑真给客人续了两句，凑成这首七言绝句。

《掬水月在手》突出地渲染写诗人能根据顾客所出的题目，不假思索地应声而出。这首诗的意义在于，它所反映的不只是限于作者"鬻文"和才思的敏捷，"不知李谪仙人在，曾向江头捉得么？"隐约之间似乎可以感觉到朱淑真最后投水而死的预兆，而研究者的相关考证也证明了这一点。我们不难想象，悲愁满怀的朱淑真在临死前望着情人所在的东方。凄惨悲烈地高声呼喊了几声，随后纵身跳进了滚滚东去的溪水，沉入水中，命归黄泉！当时乌云翻滚，雷电交加。青山流泪，河水呜咽。凄惨悲壮溺水死，聊慰芳魂于九泉！她的亡魂在向罪恶的封建礼教抗争，向黑暗的现实制度进行控诉。

这个女子死后，她的遗体并不是被水漂走沉没，或是得不到葬身，而是被父母焚烧火葬，连她的诗文也一起被焚毁了。根据现存最早的朱淑真《断肠集·序》里记载："其死也，不能葬骨于地下，如青冢之可吊，并其诗为父母一火焚之。"这些似乎不合乎常理。一是她死后不能像普通人一样将遗骨埋土安葬，反而要火化；二是丧事要由娘家办理；三是她的诗文作品没有被父母珍藏，而是加以焚烧。种种迹象表明，朱淑真的死，具有特殊的历史背景。

《忆秦娥》

弯弯曲，新年新月钩寒玉。钩寒玉，凤鞋儿小，翠眉儿蹙。

闹蛾雪柳添妆束，烛龙火树争驰。争驰逐，元宵三五，不如初六。

在古代，女子是不能随便出门的，除非有重大的喜庆日子。而正月初六家家户户的"送穷"活动，可以说是个特别的日子，女子们恰恰有机会出去逛逛了。她打扮得漂漂亮亮、清清爽爽，一双凤纹绣鞋裹着纤纤细足，莺语一声娇滴滴，柳眉微微皱起来，含笑带颦，明明是元宵灯会，正月初六就已经收拾得千娇百媚，溜到街上去了。

她看到一轮上弦月弯弯似钩、清凉如玉。似乎新年一到，万象更新，连平日里每个月都会出现的弯弯新月，都是那样的清新、温润，触手可及，有如她今天出来前梳妆时的那一只玉梳，正所谓"新年新月钩寒玉"。这时满街都是盼望已久的盛况：女人亮丽的头饰在招摇，琳琅满目、扣人心弦。她们浓妆淡抹，带着淡淡的香气从人前经过。人们用稻草扎成长龙，上面插满香棍并点燃，舞动起来。

事实上，这首词潜藏了朱淑真细腻委婉的少女情思。如果从旁边偷眼瞄去，正好看见她嘟着嘴，狠狠地跺几下脚，撒娇使性的模样，不禁觉得又可爱，又心疼。难道是因为新鞋子挤脚？但在转眼间，她已经又高高兴兴地往人群里扎堆了。满头插着的闹蛾、雪柳，在长街绚丽的灯光，烛龙火树里，摇摇曳曳，牵引着你的目光。这时才发现，她奔向的地方，有一张青年男子正在微笑的脸。这时就会明白。她忽然的皱眉，忽然的轻笑，种种旁若无人的表情与动作，以及同样的看灯，为什么非要说初六比十五好，终于一一得到了答案，因为初六，她已经可以见到他了。

对于恋爱中的人，相见的那一天就是最好的日子，拿多少繁华热闹来也不换。一个人的花朝月夕，根本就算不得良辰美景，但是两个人在一起，所有的平淡都变成了新奇。不管经历多少次，都觉得还如初逢，而每一次分离，又都如永别。

为了这样的一份真情，朱淑真一生创作了大量作品，后人搜集了三百多首诗词，还说是“百不一存”，可见还有大量的诗词作品没有流传下来。按照常理，在朱淑真死后，从纪念的角度出发。她的父母应该将女儿的作品整理刊印。可是，他们为什么要将她的诗词付之一炬，尽数焚毁呢？答案就在那些诗词的内容上，就源于一个“情”字。

在初六夜新月的可爱及夜市的喧闹盛况之后，隐藏着朱淑真对爱的期盼。而且，她的这份爱是这样深刻，这样赴汤蹈火，这样覆水难收。但是，年少的朱淑真不知道命运不经意间的残忍与决绝，她也绝不会料想到那些在她更为漫长的人生里她所需要迎接的舛错和凄苦。这也注定了她的下半生不能因着俗世的窄恶委屈了自己的爱。

小凤鞋、蹙翠眉的姑娘，戴闹蛾，佩雪柳，盛装隆重。街市上的灯彩辉煌亮丽，成片成魇。由此可见，最初，她是一枚绝世好玉，碧色无瑕，映透着她单纯的质地；她是怒放的温暖新花；时间只是一条清浅的小溪，没过她的踝；她心意纯粹，姿态优雅地立在水中央，流盼生辉，像极了陌上荼蘼，香瓣翕合之间倾吐着自己的爱之热情。在这首词里，仿佛能读出那光彩景致的背后，是一个小女子对遇见自己流落在红尘里的那一份女儿情的期许。

正是在这样一种心境的照拂之下，“元宵三五，不如初六”，时间因朱淑真而美。

《鹧鸪天》

独倚阑干昼日长。纷纷蜂蝶斗轻狂。

一天飞絮东风恶，满路桃花春水香。

当此际，意偏长。萋萋芳草傍池塘。

千钟尚欲借春醉，幸有荼蘼与海棠。

青涩刚刚退去，成熟的风情挂上眉梢，举手投足间，摇摇曳曳，顾盼生辉。云髻高耸，抚栏凝望，独自泪垂，忧伤着、叹息着、企盼着，而又万般无奈。她眉宇间堆积的哀怨和愁绪透过岁月的迷津，悄悄弥散开来，而从她樱桃小嘴吐露的那一声叹息，如穿越沧海的蝴蝶，悠然坠落在多情人的心间。

一朵艳丽的花被风雨吹落，不一定就是暴行。被忽略或者熟视无睹才是不折不扣的暴殄天物。在人们的深层心理结构里，只注重暴风骤雨式的身体摧残，对那些心理上的软折磨视而不见。秦时明月汉时关，唐代的宫墙，宋代的侯门，曾经有多少华丽的女子锁在深宫大院，在宫墙内默默凋谢，她们比烟花女子还寂寞。烟花女子在陷入最深的落寞之前，至少还有那一瞬间的绚烂，而她们，只有无尽的冷落。

在结婚后的第三年，朱淑真不堪随老公异地当差的奔波日子，独自回到了老家海宁。22岁的少妇深阁独处，总有许许多多难以排遣的愁伤。面对着大好春光，她倚栏杆黯然伤神。

朱淑真一生抑郁不得志，所作的诗词也多忧怨之语，反映了她的个人生活充满凄凉寂寞之感和悲愤难申的痛苦。都说爱为何物，直教人生死相许，爱得太深也成恨，多少的词作里又写着既爱又恨的矛盾心态。她不堪忍受封建社会和家庭的束缚。对于没有感情基础的婚姻进行了顽强的反抗，通过展示自己的内心世界、爱憎、怀恋、怨怒、追求，折射镜似的从"自我"的角度，反映出她所生活并认识的客观世界，抒发了在封建礼教的摧残下的深重哀怨，最后愤然投水而死。

《清平乐·夏日游湖》

恼烟撩露，留我须臾住。

携手藕花湖上路，一霎黄梅细雨。

娇痴不怕人猜，和衣睡倒人怀。

最是分携时候，归来懒傍妆台。

这首词从湖上相会，写到携手漫游；又从携手漫游，写到旖旎缱绻的欢聚高潮；最后从甜蜜的欢聚。再写到痛苦的分离和归来后的百无聊赖的心情。这样根据情节的自然发展，由低潮写到高潮，再由高潮写到低潮，层次分明，排比有序，把一个夏日湖上小游的恋情幽会，写得有声有色，历历在目。

当时情景是：由于女主人公难得与男友单独亲近，一旦相会于幽静场所，遂难自持，"娇痴"就指此而言。其结果就是"感郎不羞郎，回身就郎抱"（《碧玉歌》）。"睡倒人怀"即拥抱伏枕于恋人肩上。这样的热情，这样的主动，休说外人，即使自己的男友也不免一时失措或诧异。但女人主公不管许多，“不怕人猜”，打破了“授受不亲”一类清规戒律，遂有了相恋以来第一次甜蜜的体验。正因为是纯真的第一次，感觉也就特别强烈而持久。

朱淑真“娇痴不怕人猜，和衣睡倒人怀”的惊世骇俗之举，当然会遭到当时封建卫道士们的攻击，斥责她“淫姑泆女”，“有失妇德”。积聚而压抑的春情总得要有个奔泻的决口，终于出现了女诗人和恋人携手湖上，身不由己地做出“出轨”之事的一幕。她的父母亲见她如此放肆。当然着急，下死命令，不许她再与男朋友来往。难怪乎在她后来离世后，其父母要将其诗“一火焚之”，所幸没烧尽。

朱淑真自己找的如意情郎，父母亲不同意，她的心里自然很不痛快，但她找到除了男人之外的另一个港湾，这就是文字，她可以与文字相依为命，文字可以安抚那颗异常敏感的心。“最是分携时候”，多么依依不舍；“归来懒傍妆台”，何等心荡神迷！两笔就把一个初欢后的女子情态写活了。全词情多而不亵，贵在写出女子真实的体验。

第二章 初为人妻，美好爱情与不幸婚姻

少女的情怀在春天使者的撞击之下，怀春的翅膀已经展开，心中明明被那深情的歌声所打动，但却佯装着临轩看书读诗，掩饰那跃动的春情。朱淑真对爱情矜持、羞涩而又充满神秘和憧憬，正是怀春少女矛盾心绪的表现。

少女情怀，初恋未满

朱淑真出身在富裕的官宦之家，居住在风景如画的钱塘（杭州），宅院宏伟豪华，有享用不尽的锦衣玉食，还有众多的家仆奴婢终日左右侍候，过着官家小姐悠闲舒适的生活。

朱淑真自小天真活泼、聪明美丽。她在诗词中有多处自写雪肤花貌，就连遇到伤心事时，也是“桃花脸上汪汪泪”（《新秋》），确实是美丽过人。她不但得到父母的特别宠爱，而且兄嫂也对她十分关照，每日除了读书绘画之外，就是尽情的玩乐。

《夏日游水阁》

淡红衫子透肌肤，夏日初长水阁虚。

独自凭栏无个事，水风凉处读文书。

夏日凭栏，一袭淡妆，清凉水阁，悠然读书，是何等的逍遥与快乐！

温温天气似春和，试探寒梅已满坡。

笑折一枝插云鬓，问人潇洒似谁么？

春意撩拨心中的柔情，鲜花映照着少女的笑脸，是何等的活泼可爱、潇洒美丽！

扁舟夜舶月明秋，水面鱼游趁闸流。

更作娇痴儿女态，笑将竿竹掷丝钩。

闲来秋游，扁舟夜泊，观鱼垂钓，娇痴作态，在长辈的呵护下尽情玩乐，又是多么得幸福快乐！

万木初阴莺百转，千花乍拆蝶双飞。

牵情自觉诗豪健，痛饮唯觉酒力微。

穷日追欢欢不足，恨无为计锁斜辉。

更见出少女时代的朱淑真天真烂漫、欢乐爽朗的娇情痴态！

读书、游玩、垂钓、嬉戏、弄花、赏月，甚至饮酒作乐，就是朱淑真少女时期日常生活的内容。即使稍大之后，在父亲等人的教导下，赋诗填词，抚琴歌咏，或练字绘画，过的也尽是天真烂漫的闲适生活，再加上她活泼纯真的性格，使她的早期诗作，充满明朗轻快的内容与节奏。

在这样优裕的环境里，孕育了少女朱淑真对美的追求和对生活的热爱。

《下湖即事》

晴波碧漾接长空，书馆春寒柳曳风。

隔岸谁家修竹里，杏花斜映一枝红。

春寒料峭，湖水荡漾，柳枝摆动，对岸竹林中一枝火红的杏花格外得鲜艳夺目。这明媚美妙的春景，色彩清丽的修竹、红杏，令思想敏锐、感情丰富的朱淑真，倍感生活的美好与幸福。

朱淑真爱山、爱水、爱花、爱月，在她的眼里，一切景物都生机盎然，在她的心里也充满了欢乐。特别是在浓浓春意的撩拨之下，她禁不住春心萌动，产生了对美好爱情的想往：

《春日即事》

闲将诗草临轩读，静听渔船隔岸歌。

尽日倚窗情脉脉，眼前无事奈春何。

由于朱淑真多情善感，有时难免会触景生情，产生哀伤幽怨的情绪。例如，她在《书窗即事》其二中咏道：

一阵挫花雨，高低飞落红。

榆钱空万叠，买不住春风。

急雨摧花，零落满地，即使用无数金钱，也买不住春光，那种惜花伤春的情怀，蕴含着无可奈何的哀伤的心愫。朱淑真天资聪慧，才貌俱倩，是敏锐而自负不凡的女性。明代陈霆在《渚山堂词话》卷二里说过：“闻之前辈，朱淑真才色冠一时。”然而在富裕悠闲的官家小姐生活中，在平凡的环境里日复一日地打发无聊的日子，自然也会使她感到烦闷。清人陆累在评论朱淑真的诗时也说：“有雅致，出笔明畅而少深思，由其怨怀多触，遣语容易也。”这正说明朱淑真在少女时期，其特定的生活情调，给诗带来的影响，其风格明朗轻快的同时，也带有哀伤烦闷的成分。

朱淑真从少女怀春开始，对那神秘朦胧的爱情，编织着美好的理想，期待着她心中想象的情人，快快地到来。

《秋日偶成》

初合双鬟学画眉，未知心事属他谁？

待将中秋抱满月，分付肖郎万首诗。

诗女配才郎，这是朱淑真的理想。她期待的意中人，应该是有着共同的爱好和志趣、能诗善文、才情横溢的佳偶，若与像史书上传颂的才貌超群的肖郎那样的人生活，将是无比的幸福。

她期待的爱情是那样的美好和幸福，在心中日夜萦绕，以致常常带来梦中的惊喜：

《夏夜有作》

暑夜炎蒸著摸人，移床借月卧中庭。

更深露下衣襟冷，梦到阳台不奈醒。

“阳台”指赵阳台。史书传说晋人窦滔娶妻苏蕙（字若兰），美丽能诗，不久又纳能歌善舞的赵阳台为妾，妻妾互不相容；后来窦滔携阳台外任，若兰悲苦难忍，于是制成织锦回文诗派人送与窦滔，情真意切，妙辞天工。窦滔深受感动，乃黜阳台而迎苏蕙，夫妻恩爱逾初。后人则以“阳台”比喻男女欢爱或夫妻外遇。朱淑真诗中借“阳台”之事，极言自己在梦中与意中人

断肠集

追逐欢乐的情景，可见其对理想爱情的执着与追寻。

因为憧憬美好的爱情，朱淑真希望红颜常驻，青春永存。

《惜春》

连理枝头花正开，妒花风雨便相摧。

愿教青帝长为主，莫遣纷纷落翠苔。

她借珍惜春光，谴责妒花风雨的无端摧残，祝愿连理之花常开不败，正反映出她对永恒爱情的期待。

同样，她亦借“惜花”来表达对青春和爱情的急切追求。

《惜花》

生情赋得春心性，剩选名花绕砌栽。

把渴望中的美好爱情与春天的美景、娇妍的鲜花、蠢动的春心交融在一起，朱淑真更对大自然的一草一木寄予了无限的深情，正是：“满眼春光色色新，花红柳绿总关情。”（《愁怀》）让爱情伴随着春天早日降临。

朱淑真憧憬她理想的意中人，情真意切，思绪缠绵，诗中亦表现出她心地坦荡、光明磊落，以致她把自己的心事向女伴们倾诉，彼此结成了亲密的知已。

《围炉》

围坐红炉唱小词，旋篘新酒赏新诗。

大家莫惜今朝醉，一别参差又几时。

她珍惜友谊，对人一往情深，与亲如姐妹的女伴们惜别，失去了互诉萌动春心的机会，自然十分可惜，无可奈何之际，只好借酒豪饮，聊作送别。可喜的是，朱淑真不久即步入了真正的恋爱生活。

纯真恋爱，美妙生活

朱淑真虽然为出身官府的大家闺秀，但她敢于冲破封建的伦理道德观念，提出自己的择偶条件，她不需门当户对，不讲家产财富，只需两人情投意合，志趣相同，才华近似，就能朝夕共处，“举案齐眉，相敬如宾”。因此，她毫不畏惧地寻求自我爱恋的对象，争取恋爱的自由。果然，她找到了自己理想的恋人。

《湖上小集》

门前春水碧如天，坐上诗人逸似仙，

白壁一双无玷缺，吹箫归去又无缘。

这是一个英俊潇洒、才华横溢的青年诗人。从“坐上诗人逸似仙”之句，我们可以窥见他的文才风采，非同一般；第三句是描写他们二人，堪称佳偶。然而不知为何缘故，他们无缘相恋，更不能如箫史和弄玉的乘风而去那样，有情人终成眷属，也许朱淑真只是暗恋，或者诗人已经娶妻，所以令她深深感到惋惜和遗憾!

但是朱淑真并不灰心，凭着她的少年美貌、多才多艺，又有官府世家的背景，她对自己找到理想的情人是充满信心的，她的春情春心始终是欢乐愉悦的。

落水春无语，春归鸟自啼。
多情是蜂蝶，飞过粉墙西。

《书窗即事》
墙头花外说新晴，青鸟已承云信息。

《闻鹊》
拨去闲愁着耳听，预先来报两三声。

花落鸟啼，蜂蝶飞舞，情浓景美，快乐无比；更有青鸟破云而来，喜传信息，莫非就是梦中情人即将到来？且看朱淑真描绘那位真正来到她面前的恋人。

《贺人移学东轩》
一轩潇潇正东偏，屏弃嚣尘聚简编。
美璞莫辞雕作器，涓流终见积成渊。
谢班难继予惭甚，颜孟堪晞子勉旃。
鸿鹄羽仪当养就，飞腾早晚看冲天。

“谢班”指晋朝的谢道韫与汉朝的班婕妤，皆为古代才女，朱淑真诗中常以她们为榜样自譬；“颜孟”即是孔子门人颜回与孟轲，都是大学问家。那么这个钦慕颜孟并作为学习榜样的少年，是何许人呢？我们不能遽下断语，从诗的内容看，这个人应该住在她家里的“东轩”，是一个读书应试的人，年龄大体和朱淑真相似，或可能略少于朱淑真，因为诗中稍带一点长辈的口吻。朱淑真另有一首《送人赴试礼部》的诗，这个“人”，极有可能就是这个少年。朱淑真很赞赏这个读书人，她在诗中赞赏勉励之情，溢于言外。

贾生少达终何遇，马援才高老更坚。

大抵功名无早晚，平津今见起苔川。

诗中以历史上多个名人的事迹，激励这个后学的少年，只要树雄心，立壮志，不懈地努力，不论年纪老少，都能建功立业。

“贾生”，指汉代著名政治家和文学家贾谊，他少年得志，却遭谗言所害；“马援，东汉名将，老当益壮”；“平津”，指齐国公孙弘，四十余岁学春秋，六十岁当丞相，封平津侯。这两首诗都是朱淑真为自己的年青恋人所写，鼓励他努力学习，将来成为国家栋梁。当时这个少年有一段较长的时间住在朱淑真家中名为“东轩”的房屋，正在读书应试，可能是朱淑真家的亲朋或世交，所以朱淑真得以和他来往，吟诗作对，交流心得，切磋学问。两人日久生情，互相欣赏，情投意合，因而相恋起来。

这次恋爱，朱淑真倾注了深深的情意。

《西窗桃花盛开》

尽是刘郎手自栽，刘郎去后几番开。

东君有意来相顾，蛱蝶无情更不来。

这里，朱淑真用了唐代诗人刘禹锡《游玄都观诗》中的“玄都观里桃千树，尽是刘郎去后栽”的意境。这个“刘郎”，自然是她的恋人。朱淑真在母家未婚时，与她的情人由认识到恋爱，有着一段颇为美好的日子。《断肠集》中与之有关的相思缠绵之作也很多，情真语挚，回肠动心，绝非子虚乌有之作。清人况周颐曾经认为《送人赴试礼部》，是赠外之作，简直不伦不类。

因为朱淑真对丈夫非常鄙视，绝对不会像诗中那样，使用十分亲切的口吻，作出热情的勉励。而近人陆家驹在《词人词事趣谈》中，更有标奇立异、言不由衷的论调，说朱淑真的恋情，乃为虚构之作：“(朱淑真）由于丈夫不解风情，才幻想出另一境界作为憧憬，也正是人情之常，岂可厚非?”这说法十分荒谬。朱淑真这些作品，都是为了给确实存在的情人而写的，可惜不易辨明哪些作品是婚前、哪些作品是婚后之作。不过朱淑真诗集中，有很多诗作提到故园旧家，而且有很强烈的感触之情，可见朱淑真对旧家有着一份浓烈的依恋心情。

客里逢春想恨浓，故园花木梦魂同。

——《春色有怀》

若到旧家游冶处，只应满眼是春愁。

——《约游春不去》

日家庭院春常锁，今夜楼台月正圆。

——《诉愁》

纵有灵符共采丝，心情不似旧家时。

——《端午》

日游似梦浑情懒，对景无聊愁杀人。

——《春日杂兴》

旧家如此值得依恋，显然是因为旧家是她与情人缱绻之地，所以提到旧家故园，便联系到她的旧日情人，于是不禁感慨系之了。

由此可见，朱淑真在母家时，确实已经恋上一个年轻有为的人，而且互相爱慕，在朱淑真的理想中，堪称佳偶。但不知为何缘故，这对有情人不能终成眷属。据我们的推想，极有可能是碍于双方的家世或辈分的种种问题，朱淑真在如此眷眷的心情下，被迫嫁与一位庸俗官吏，而对旧情恋人的思念，又无法戢止，这自然更加深了她对丈夫的憎恨。

陷入不幸，苦恼婚姻

朱淑真的《断肠集》，几乎全是她对婚姻的控诉以及对追求炽热恋情的呼唤。所以，在朱淑真的事迹中，她的恋情及婚姻，是历来学者最为热衷研究的问题，也是最为隐晦的部分，虽然屡经研究，但说法仍然不得一致。

朱淑真的婚姻，是由父母作主的，她自己极不愿意。但是有关她的婚配事宜，却有新、旧两种说法。旧说以为朱淑真嫁与市井民妻；新说认为朱淑真嫁于庸俗官吏。最近又有学者认为朱淑真曾经两次结婚，初嫁于市井之家，后再嫁与俗吏为继室。除此之外，又有人提出朱淑真是坚决离婚而独居母家的说法，等等。以下我们先注明这几种说法的来源，然后再作辨证，以求回到事实的真相。

旧说以为朱淑真嫁与市井民家，最先见于南宋魏仲恭的《断肠诗集序》：

早岁不幸，父母失审，不能择伉俪，乃嫁为市井民家。

稍后是明朝田汝成的《西湖游览志馀》：

早年，父母无识，嫁市井民家。

接着，田汝成之子田艺蘅在《诗女史》中也说：父母不能择配，嫁市井儿。

明朝冯梦龙的《情史》也称：早失父母，嫁市井民妻，其夫村恶可厌。

清代张宗楠的《词林纪事》也说：嫁为市井民家，不得志殁。又清代陈文述《西泠闺咏》所载与《词林纪事》相同，均沿用此说，《古今图书集成》及（四库全书总目》亦采用了这个说法。

新说以清代况周颐《蕙风词话》为首。况氏以《断肠集》诗中，如《贺人移学东轩》、《送人赴试礼部》、《春日书怀》、《寒食咏怀》、《舟行即事》、《题斗野亭》、《秋日得书》等诗为根据，斥辩了前人对朱淑真嫁于市井民家的说法，并说明朱淑真丈夫的情况：

夫家姓氏失考。似初应礼部试，其后官江南者，淑真从宦常往来吴、越、荆、楚间。《香海棠馆词话》、《香艳丛书》七集卷三收有《朱淑真事略》，载述与况氏相同。今人编集、选注或记述有关朱淑真的学术论文，也多采取况氏的说法，认为朱淑真的丈夫，不是市井细民，而是庸俗官吏。例如：陈漱琴《朱淑真生查子词辩诬》，郭清寰《从“断肠集”中所窥见的朱淑真的身世及其行为》、周宗盛《朱淑真每迹索隐》等论文，都比较详细地申述了朱淑真的夫家背景，而且均同意并采用了况周颐的说法。

其实，上述的新、旧两说，矛盾只在于朱淑真丈夫的身份问题，至于她对婚姻及匹配的不满，诚如明代学者陈霆所说：“朱淑真才色冠一时，然所适非偶，故形之篇章，往往多怨恨之句。”则是可以肯定的。

新说谓朱淑真嫁入官家是可信的。朱淑真的父亲既属在外当官之人；又喜爱玩赏文物古董，从朱淑真的《晚春会东园》、《纳凉桂堂》诸诗，可以想见她家室的阔绰，她何至于下嫁市井民夫？

朱淑真的诗作中，有《会魏夫人席上》、《宴谢夫人堂》、《次韵见赠兼简吴夫人》等交游诗。唐宋官家太太，习惯称为“夫人”。这些诗作，可见朱淑真与当时的贵族大家往还游宴之情事。若一个市井民妻在显宦贵家赴宴，而宴会上还有歌伎侑酒（见朱淑真诗《会魏夫人，席上命小鬟妙舞，曲终求诗于予，以飞雪满群山为韵作五绝》），是一件不能想象的事。所以，朱淑真的身份，应该是“官太太”。

《断肠集》虽有大量悲愁哀伤之作，但绝大部分是感叹孤寂的感情生活，而并非申诉生活物质上的困苦。人们从她的诗词中所见到的她的生活，皆是华贵安适的，而不是劳瘁寒酸的。而且，她的《春日书怀》说：“从宦东西不自由，亲帏千里泪长流!”已经明显地说出她是随夫仕宦；又她的诗中所流露出的日常生活，如“拨闷喜陪尊有酒，供厨不虑食无钱”（《江上阻风》），“侍儿全不知人意，犹把梅花插一枝”（《睡起》），则完全是官宦人家的气派。

朱淑真的作品有着浓厚的酒香气息，她在日常生活中的嗜酒，正符合宋代官宦人家仕女的风习。因为宋代酒价及酒税均重，普通民妇是不能负担的。

众多的事实证明，朱淑真的丈夫不是市井民家子，已是无可怀疑的。但是，魏仲恭于朱淑真死后不久，将她的诗词搜罗编集，序文中却说朱淑真的丈夫是一个市井民家子，这个错误是如何铸成的呢？近人郭清寰的《从断肠集中所窥见的朱淑真的身世及其行为》一文，对此作了很恰当的分析。郭氏认为，朱淑真在当时文名不彰，则其身世，一般人对之当然不十分明了。“于是为她作传者以为，朱淑真对她的丈夫既然是鄙薄厌恶，写成诗词，他们遂想象朱淑真的丈夫必为一粗鄙之人；同时他们又觉得士大夫阶级里面皆是风流俊雅之士，不应该有粗鄙之夫厕于其间，所以不加详审，便贸然的硬说朱淑真的丈夫是一个市井民家子，以为朱淑真厌恶其夫的解释；而且，于民家子之上，又加上‘市井’二字的形容词，于是朱淑真的丈夫于粗鄙之中又带上点市侩的气味，宜乎朱淑真对他鄙薄厌弃了。”

于此可见，朱淑真应是嫁入官宦之家。事实上，市井民妻并没有什么可鄙，官太太也没有什么可贵，不过，对她的误解既不是一端，为了求真，是应该弄清楚的。

有学者说朱淑真曾经结婚两次，初次嫁于民家，再次嫁与俗吏为继室。我们认为这个说法的论证不足，只属臆说，不足信从。八十年代初期，研究朱淑真的学者，又提出了朱淑真于婚后，因与丈夫情趣不合，返回母家独居的说法。这个立论的主要依据，是朱淑真的《黄花》一诗：“宁可抱香枝上老，不随黄叶舞秋风。”意谓与其嫁于庸夫俗子，勿宁守贞不字也。究竟朱淑真有否离婚返回母家独居，实在很难找到确切的答案。

不过，我们认为单凭朱淑真的几句诗意，是不能下判断的，因为《黄花》诗作，虽有托意，但亦可能是朱淑真一时感触的愤慨之言。例如朱淑真的《自责》诗：“女子弄文诚可罪，那堪咏月更吟风。磨穿铁砚非吾事，绣折金针却有功。”《秋日述怀》诗：“妇人虽软眼，泪不等闲流。我因无好况，挥断五湖秋。”皆为此类愤激语。朱淑真性格硬朗率直，恨爱炽烈而怒形于色；屡有这些语句，是不足为奇的，故《黄花》

托意，未必可以证明她有真正的行事；而且南宋礼教甚为严厉，婚后女子，不可能如此轻率仳离夫家。根据翁无圻在注解宋代王应麟的《困学纪闻》时，引阎若璩的话说：“王蠋忠臣不事二君、贞女不更二夫之言，直至宋代而明。一明于太宗责范质之死，一明于程伊川谓饿死事小，失节事大。而后为人臣、为人妇者之防始严。”可见中国古代社会对妇女的贞节观念，有着一个逐渐强化的过程，自从宋代理学兴起之后，便渐趋严厉，而在汉唐时代，关于妇女的贞节观念并不如宋明等朝代的严苛，妇女离婚再嫁等事，屡见记载。宋代初期，承前代遗俗，妇女再嫁事例，仍属普遍。名家范仲淹就曾经将他的寡媳嫁给他的门生，可见那时的贞节观念尚不严厉。然而，自宋代中叶程伊川力倡寡妇守节以来，情况却发生了很大的转变。据《宋史·公主列传》记载，宋代除却宋初的秦国公主荣德帝姬再嫁之外，以后公主八十余人没有一个再嫁，较之汉唐公主的数次改嫁，真有天壤之别。皇室奉行贞操节义如此，民间的实践自然更甚，妇女若与夫家解除婚约，往往终身为人不齿。朱淑真生于贞操观念强烈的南宋，离婚的行事，相信是很难实现的。所以，关于朱淑真离婚并回母家独居的说法，可靠性并不高，当予排除。

初为新妇，强装欢颜

朱淑真陷入不幸的婚姻，似乎有些偶然，然而事出有因，其果必然。这就需要从头慢慢说起。

朱淑真对父母有着深厚的感情。她从小就是父母的掌上明珠，对她十分宠爱；及至“初合双鬟学画眉”时，她已是亭亭玉立的大姑娘了，而且才貌超凡，在上层社会中几乎无人能比。于是不少世家子弟都急欲向其求婚，而登门说媒者更是络绎不绝。

父母亲爱女至深，严守传统的儒家思想和礼教观念，只考虑对方与自家门当户对，是名门贵族，富裕的官宦人家，就听信了说媒者的花言巧语，答应了有关的婚事。对于朱淑真原有的恋人，父母则认为对方辈分不合，门第和家财也不如自己，因而严加劝阻，硬是要拆散他们的恋爱关系。朱淑真对父母一向都非常孝顺，父母包办她的婚姻，令她十分无奈。她深知父母这样做，是世俗礼教和社会风气所使然，也是出于为女儿着想的爱心，希望女儿可以终生享受荣华富贵。但是他们却不顾女儿的择偶理想和自由、专一的美好爱情，因此无论朱淑真如何哀求与哭诉，始终无法抗拒于百年来封建社会强加给妇女的条律——婚姻不管好坏，都要听从“父母之命、媒妁之言”。最后，朱淑真出于孝心，不再与父母抗衡下去，违心地答应了这桩由父母包办下来的婚姻。

朱淑真结婚之后，初为人妇，在富裕的官宦之家，确实也有过一段官家少奶的舒适日子。她整日不是在闺房赋诗填词，就在庭园弄花赏月，虽然不如在娘家未嫁时的无忧无虑，却也还悠闲自在，尽量把烦恼抛在一边。《立春前一日》诗云：

梅花枝上雪初融，一夜高风激转东。
芳草池塘冰未薄，柳条如线著春工。

经过一夜东风的劲吹，冬梅枝上的白雪已经开始融化；虽然池塘的寒冰尚在，但小草已渐吐新芽，柳树也生发了新枝，万物皆因春天将至而发育滋长。诗人在这立春的日子，也显得心情舒畅、轻松愉快了。再看《早春喜晴即事》：

山明雪尽翠岚深，天阔云开断翳阴。
漠漠暖烟生草木，薰薰和气动园林。
诗书遣兴消长日，景物牵情入苦吟。
金鸭火残香阖尽，更调商羽弄瑶琴。

积雪消融，山色清明，在阳光的照耀下，天空显得更广阔了。草木在雾霭下萌动，园林在春日中复苏。春色宜人，景物牵情，使诗人禁不住诗兴大发，高歌吟唱。时光过得很快，炉香都快燃尽了，但兴趣还很浓烈，干脆把琴弦也都一齐演奏起来。可见涛人看到早春的新晴景色，是多么欢喜若狂!

立春那天，朱淑真更是把自己打扮一番，欢欢喜喜地去庆祝节日。她的《立春日妆成宜春花》云：

春幡碧胜缕金文，柳色梅花逐指新。
恰笑尚为儿女态，宝刀剪彩强为春。

头上插上金黄色图案的春幡，去迎接新春的到来。你看，杨柳吐丝，梅花盛开，万物开始更生了；朱淑真不觉又把彩帛彩纸剪裁起来，好把春天妆扮得更加美丽，这简直忘了自己是结了婚的人，还尽显一副女孩天真的心态，未免有些可笑了。

《中春书事》

乍暖还寒二月天，酿红酝绿斗新鲜。
月烘春色成和气，风弄花香作瑞烟。
莺舌似簧初学语，柳条如线未成绵。

金杯满酌黄封酒，欲劝东君莫放权。

二月，天气刚刚暖和，却又突然变冷，但是毕竟红花绿叶都长出来了，花花枝枝争妍斗艳，煞是好看。月儿陪伴春色，微风播送花香；莺声婉转灵巧，柳絮摇曳飞舞。诗人奉上酌满的好酒，希望司春之神不要放弃自己的权力，让美丽的春景驻人间。朱淑真欢快愉悦的情怀，与明媚的春光交融在一起，并借此寄托她无比的惜春之情。

春天的良辰美景，往往能给朱淑真带来良好的心情，她在《春日杂书十首》其二说：

柳丝拂拂弄春风，日色春容一样同。
嫩草破烟开秀绿，小桃和露坼香红。

春风拂面，柳丝轻飘；春日里嫩草铺成新绿，晨雾中桃花也已开放，春容春景是多么可爱宜人啊！诗人简直要欢跳起来了，接着她在该诗《其三》里又说：

松松丽日约余寒，春向梅边柳上添。
蜂蝶自知新得意，展须忙翅入层帘。

春天的阳光温和地照耀，慢慢消尽冬日的寒冷，柳枝更加繁茂，春意更添浓烈；蜜蜂和蝴蝶趁着春光，伸腿展须在帘幕中快乐地飞来飞去。诗人借景抒情，活现出她禁耐不住的愉悦之情。

有一天，朱淑真在庭园外面发现一棵老桃树竟然绽开出鲜艳的花朵，十分惊喜，立即赋诗《小桃叶去偶生数花》：

庭外缃桃一萼红，多情特地振春风。

仙源已露真消息，迥作新花发旧丛。

宅院外面一棵能结浅红色果实的桃树，突然绽开出星星点点的鲜红花朵，似乎要向春风表达无限的钟情；莫非是桃花仙境传来了春的喜讯，连老掉叶子的桃树也开出奇异的新花！诗人为眼前的景致欢欣鼓舞，雀跃之情溢于言表。

又有一次，朱淑真的友人送来几棵牡丹花，她欢喜之至，亲自将这些有花王之称的名花，移栽到自己的书房窗外，赋诗道：

《偶得牡丹数本，移植窗外，将有著花意二首》其一

王种元从上苑分，拥培围护怕因循。

快晴快雨随人意，正为墙阴作好春。

诗人说，牡丹是花王，原本是帝王的园林中引种的，我小心将其培植呵护，任何丝毫都不敢马虎，适逢天气晴雨适中，牡丹长得很好。不久，牡丹就含苞待放了。

《其二》

香玉封春未啄花，露根烘晓见红霞。

自非水月观音样，不称维摩居士家。

诗人又高兴地说，牡丹结出鸟嘴一般的花蕾，里面的花瓣暂时还被春天封住，但枝条上新发的根芽，在和煦的阳光映照下已显得十分清楚。此时的牡丹虽然不像观音菩萨，也不似维摩居士，然而却是多么的雅致清高，生机勃勃！这岂不正好与自己的志向和情趣相同！

秋天风高气爽，落叶缤纷，人们容易引发悲秋愁苦之感。朱淑真违愿嫁入夫家，本来更会对秋伤怀，但新婚不久，对夫家尚存希望，所以尽量抑制自己的伤痛情绪。一日她步至池边，看到荷花盛开。便喜不自禁地唱道：

《芙蓉》

满池红影蘸秋光，始觉芙蓉植在旁。

赖有佳人频醉赏，和将红粉更施妆。

诗人说，满池盛开的荷花，竟把秋光映照得如此美丽，怎不教我惊叹得流连忘返呢；我还要采摘一些研成脂粉，也把自己打扮得更加美丽可爱！十分明显，诗人早已把一切悲秋感伤的情绪都置之脑后，其欢畅、惊喜之情，处处可见。

不仅如此，就连严寒的冬日，朱淑真也设法使自己的情绪多些乐观。其中最好的办法，就是去观赏自己最喜欢的梅花。她的《梅花》二首，《其一》说：

园林萧索未迎春，独尔花开处处新。

只有宫娃无一事，每将施额斗妆匀。

看到冬天园林一片萧条，只有梅花傲雪开放。诗人想象那些闲来无事的宫女们，又会摘来梅花贴在额前，比赛是谁妆扮得最为漂亮！显然，诗人在为梅花感到高兴呢。接着，此诗的《其二》又说：

消得骚人几许时，疏篱淡月著横枝。

破荒的烁香随马，春信先教驿使知。

诗人在一个淡淡的月光之夜，来到稀疏的篱笆之前，欣赏那横枝伸出的梅花，惊叹古往今来多少文人墨客，都为梅花的幽香与高洁，流连忘返，抒写赞歌；而梅香则往往随着奔驰的马匹带向远方，使驿站上的信使，最先得到报春的消息。诗人在此赏梅，不写梅花的形态，而侧重表现梅花的神韵，通过梅花的幽香盛赞它冲破严冬的冰雪，最先向人间报告春天的信息，其实诗人也是在慰藉自己，虽然身处不愉快的婚姻，但严冬一过也许还会有转机呢!

就这样，朱淑真结婚初期，虽然夫婿不是她原先所选择的恋人，极大地违反了她的意愿，但是婚姻已成事实，初为人妇，她尽量往好的方面多想，使自己生活得快乐和开朗一些。因此，她往往把自己寄情于能给万物带来欣欣向荣的春天，以及四时盛开的花木，激励自己热爱生活，不倦地追求自我的理想、爱情和美好的明天。

生活之味，寻找乐趣

虽然朱淑真的丈夫当官，她又贵为官家少奶，但对于逢年过节的一些习俗礼仪，她还是要参与操劳的，并视此为生活乐趣，贡献自己的一份努力，还特别用诗词作了记述。例如《立春古律》咏道：

停杯不饮待春来，和气先春动六街。

生菜乍挑宜卷饼，罗幡旋剪称联钗。
休论残腊千重恨，管入新年百事谐。
从此对花并对景，尽拘风月入诗怀。

立春是每年春天的正式开始。《礼记·月令·孟春之月》云：“是月也，以立春。”《史记》卷二十七《天官书》也谓：“立春日，四时之卒始也。”朱淑真则记述：在立春到来之前，整个都城的天气就已经开始变暖，大家都举杯等待庆贺春天的到来。等到立春这一天，家家户户便把野菜做成卷饼，互相赠送品尝，人们还要悬挂春旗，或将丝织品剪成小幡，插在金钗上作妆饰，增添春天的热闹。既然已经是新春了，就不要再去计较往日的不如意，希望新年百事和顺，诗人也能将春花春景和人间一切美好情怀，尽情融入诗篇之中。

《立春古律》这首诗，朱淑真不仅抒写了自己因春天到来而无比的喜悦心情，而且还记述了自己参与的两种习俗活动：做生菜春饼和悬挂春幡。《礼记·月令》有云：“立春之日，天子亲帅三公九卿诸侯大夫，以迎春于东郊，还反，赏公卿诸侯于朝。”诗中所谓“和气先春动六街”，即指此事。“六街”，唐朝都城长安和北宋都城汴京都有六条大道，后来就作为都城闹市的统称。关于古代立春的习俗，宋人陈元靓《岁时广记》还有更详细记载。其卷八引唐《四时宝镜》云：“立春日食芦菔、春饼、生菜，号春盘。”唐宋以来以农历二月二日为挑菜节，张耒有《二月二日挑菜节大雨不能出》诗。又《岁时广记》卷八引《东京梦华录》云：“立春日，自郎官御史寺监长贰以上皆赐春幡胜以罗为之。”又同卷引《提要录》云：“春日刻青缯为小幡样重累十余相连缀而簪之。”又云：“《后汉书》：立春之日，皆立春幡。今世或剪彩错缯为幡胜以戴于首。”由此可见，朱淑真对时尚风习甚为熟知与重视，并从中获得了生活的快乐与情趣。

《绝句二首》，也是朱淑真记述其参与立春庆典活动的趣事：

自折梅花插鬓端，韭黄兰茁簇春盘。

泼醅酒软浑无力，作恶东风特地寒。

——《其一》

嘉胜春幡袅凤钗，新春不换旧情怀。

草根隐绿冰痕满，柳眼藏娇雪里埋。

——《其二》

其一叙说自己将新折的梅花妆饰在鬓发上，捧出韭黄兰草做成的春饼和果品，大家兴高采烈地饮酒庆贺春日；但东风肆虐，天气还十分寒冷，这种重酿未滤的酸醅酒酒性柔和，不足以抵御寒冷。其二则说，漂亮的春幡插在发夹上轻柔地飘动，新春也该换去旧面貌了。虽然冰雪未消，但小草新绿，柳枝萌芽，春意已经来临。可见诗歌中处处洋溢着诗人迎春的喜悦。

朱淑真做少奶奶初期，有时闲来无事也好作奇想，以纾解心中的郁结，十分有趣。例如有一次，她读书读到唐朝武则天发布的《腊日宣诏幸下苑》，是女皇冬日游览皇家园林对花卉下达的命令，要全园所有花枝必须连夜开花吐蕊，争奇斗艳。这对朱淑真颇有启发。当她看到自己厅堂外面种植的岩桂，已过晚秋仍迟迟未开，便写诗催促其迅速开花应时：

《堂下岩桂秋晚未开作诗促之》

着意栽诗特地催，花须着意听新诗。

清香未吐黄金粟，嫩蕊犹藏碧玉枝。

不是地寒偏放晚，定知花好故开迟。

也宜急趁无风雨，莫待霜高露结时。

意思是说：我专门写诗来下达命令，岩桂必须好好听着，至今你还没有开花吐放清香，仍然把嫩香的花蕊深藏在碧玉枝头里面；这绝对不是地处寒冷的缘故，一定是你自恃好花而迟迟不开。但是你应该知道，趁着没有风雨快快开花，否则到了霜冻露结，那时可就开不成了。朱淑真在诗中暗寓不要虚度青春时光之意.表现了对美好事物的珍爱和善良的愿望。

总之，朱淑真结婚初期，尽管自己的婚姻理想遭到轰毁，心中郁结着许多的愁怨，但是出于无奈以及对父母的孝顺，婚姻已成事实，为人新妇，她只得把一切烦恼和痛苦都强忍下来。而且她对夫家和丈夫多少还存有一些希望，期待婚后能逐渐培养夫妻感情，令两人的志趣互相趋同。因此在此期间，朱淑真凡事总是强颜欢笑，寄情于生活中的一切美好事物。

格格不入，怨恨多多

朱淑真被包办婚姻嫁人官家豪门，但与丈夫格格不入。结婚初期她一度强颜欢笑，希望与丈夫增进感情，但是她慢慢发现丈夫竟是一个热衷名利的庸俗官吏，只会投机钻营，而学识浅薄，实在是一个粗鄙浅陋之人，非但与自己不相投契，而且完全不能匹配，真是“彩凤嫁乌鸦”

了。尽管夫家的物质生活相当丰裕，但她的精神世界却日益痛苦。所以《断肠集》处处充满了悲愁哀怨、孤寂无奈的哭诉!

朱淑真的诗作，可谓一字一泪，倾诉出她因“父母不审”，错嫁夫婿的悲哀，表现出她百般的无奈和对丈夫的厌恶。魏仲恭《断肠集序》、田艺蘅的《断肠集·纪略》以及《诗话》（《图书集成》引），皆说朱淑真的丈夫是一个鄙俗的伧夫，不堪与朱淑真匹配，故朱淑真自伤遇人不淑，一生抑郁寡欢。这一记载是合乎事实的。因为在朱淑真的诗中，有不少自伤“所适非伦”之作。如：

《圆子》

鸥鹭鸳鸯作一池，须知羽翼不相宜。
东君不与花为主，何似休生连理枝!
轻圆绝胜鸡头肉，滑腻偏宜蟹眼汤。
纵可风流无处说，已输汤饼试何郎。

以上二诗，朱淑真自比文采斑丽的鸳鸯，而视其丈夫为鸥鹭；她自负如轻圆滑腻的圆子，而其丈夫却不是面如傅粉的何郎。她以为，以两个才貌不相称之人，强成匹偶，何如世间根本无夫妇一伦。此二诗将她自伤彩凤随鸦、所配非偶的怨情表现无遗。再看下面的诗：

《愁怀》其二

满眼春光色色新，花红柳绿总关情。
却将郁结心头事，付与黄鹂叫几声。

《闷怀》

黄昏院落雨潇潇，独对孤灯恨气高。

针线懒拈肠自断，梧桐叶叶剪风刀。

《黄花》

土花能白又能红，晚节由能爱此工。

宁可抱香枝上老，不随黄叶舞秋风。

这些诗更清楚地表现出她对夫婿的鄙薄和厌恶，其怨恨交集的心态也十分明显。明朝钟惺《名媛诗归》说朱淑真：因匹偶之非伦，勿遂素志，赋《断肠集》十卷，以自解郁郁不乐之恨。

明朝徐伯龄《蟫精隽》也说朱淑真：偶非其类，而悒悒不得志，往往形诸语言文字间。

这些评说都很恰当。然而，朱淑真既是一位“官太太”，物质生活又颇优厚，那么，她对婚姻的不满，对丈夫的厌恶，究竟原因何在？所谓“匹配非伦”或“偶非其类”，又是甚么意思呢？

朱淑真厌恶丈夫，依我们的推断，有三个原因：一是朱淑真的丈夫是个热衷利禄的官僚俗吏，与朱淑真的意趣相违；二是朱淑真的丈夫学问很浅薄，而且不善赋诗填词，不能与淑真唱酬；三是朱淑真在未嫁时，已有恋人，而且才貌双全，与她堪称佳偶，可惜两个有情人未能成为眷属，而她却在无奈之下嫁与庸俗官吏。

这三个原因，分别考述如下：

首先，关于朱淑真丈夫是热衷利禄的官僚俗吏，似乎难于遽下断语，但以《春日书怀》的“从宦东西不自由”来探索，则她的丈夫不惜东奔西跑，也许对“宦途”的兴味特别浓厚；仆仆风尘，不辞劳苦，而引起了这位襟怀冲澹、怡情傲物的才女的不满。我们从《断肠集》的诗作中，可见朱淑真是一位才情丰盛、风流蕴藉的典型才女，再证之前人的记载，得见一斑。如魏仲恭的《序》说：

自古佳人多命薄，岂止颜色如花命如叶耶！观其诗，想其人。风韵如此，乃下配一庸夫，固负此生矣。

清代孙寿斋的《后序》说：

朱淑真禀嘲风咏月之才，负阳春白雪之句，凡触物而思，因时而感，形诸歌咏，见于词章，顷刻立就。

明朝陈霆《渚山堂词话》说：朱淑真才色冠一时。

明朝田汝成《西湖游览志馀》说朱淑真：幼警慧，善读书，工诗，风流蕴藉。

明朝田艺蘅《纪略》说朱淑真：文章幽艳，才色娟丽，实闺阁所罕见。

明朝钟惺《名媛诗归》说朱淑真：文章幽艳，才色清丽。

又鸳湖烟水散人的《女才子书·女才子首卷》谓："古来美人，有足思慕者，共得二十六人。"而朱淑真即为其一。这种种记述，均说明朱淑真是一位才色俱备的女子。也就如此，朱淑真对婚姻的理想自然很高，希望能嫁给一位俊逸清高的才子。她的《秋日偶成》就说过：初合双鬟学画眉，待将满抱中秋月。这些便是她盼望理想的爱情生活的心声。但现实中，她下嫁的却是一位热衷利禄的庸俗官吏，正如她所说的："榆钱空万叠，买不住春风。"（《书窗即事》其二）这又怎会不令她不满呢？

其次，是关于朱淑真丈夫的学问，这一点在朱淑真的诗集中。有更加具体的描述。她的丈夫学问浅薄，不善赋诗填词，不能与她互相唱酬，使她感到知音不遇，更增加了她的不满。她的《舟行即事七首》，便道出了这种心意：

山色水光随地改，共谁裁剪入新诗？

——《其一》

对景如何可遣怀，与谁江上共诗裁？

——《其五》

“共谁裁剪入新诗？”“与谁江上共诗裁？”沉痛地表达出她对夫婿乏才异趣的不满。此外，在《春书偶成》中，她又抒发了知己难遇之感：却嗟流水琴中意，难向人前取次弹。在《圆子》及《冬夜不寐》中，她更为沉痛地写出了自己的孤寂心情，发出了“纵可风流无处说”和“闷怀脉脉与谁说”的哀怨。因此，可以想见她与丈夫的不投契。夫妇不能共同唱酬，加上各自的兴趣相悖，对一个以婚姻为终生幸福的古代妇女而言，该是何等的凄苦！这怎能不令她厌恶庸俗的丈夫呢？

再次就是关于她未嫁时已有了恋人的说法，我们在第三章第三节中，已经作了记述。她和一个寄住在她家中读书应试、才貌出众的少年相恋，两人曾经谈诗论文、切磋学问、情投意合，是她理想的婚配对象，可惜不能成为眷属，反而被父母许配给眼前这个庸俗官吏，从而毁了她一生的幸福。这就更加令她憎恨丈夫了。

诗词赏析

《生查子》

去年元夜时，花市灯如昼。

月上柳梢头，人约黄昏后。

今年元夜时，月与灯依旧。

不见去年人，泪湿春衫袖。

此词一说欧阳修作，但《六一词》与其它词集互杂极多，不足为凭。力辩此词非朱淑真所作者如《四库提要》，乃出于保全淑真“名节”，卫道士心态，何足道哉！细赏此词，似非六一居士手笔，实乃断肠之声。淑真另有一首《元夜诗》，可与此词互看：“火烛银花触目红，揭天吹鼓斗春风。新欢入手愁忙里，旧事惊心忆梦中。但愿暂成人缱绻，不妨常任月朦胧。赏灯那待工夫醉，未必明年此会同。”

词以灵光独运的艺术构思，使今与昔、悲与欢互相交织、前后映照，从而巧妙地抒写了物是人非、不堪回首之感。

上片追忆去年元夜的欢会。“花市灯如昼”，极写元宵灯火辉煌。自唐代起，就有元夜张灯、观灯的习俗，至宋而其风益盛。孟元老《东京梦华录》卷六记灯市景象云“灯山上彩，金碧相射，锦绣交辉”。可知，“花市灯如昼”乃状其实况，略无夸饰。

“月上柳梢头”二句含“宾”就“主”，再现那令人沉醉的情景。“黄昏后”，交待主人公与其情侣相会的时间。“月上柳梢头”，既是对“黄昏后”这一时间概念的形象示现，也是对男女主人公欢会的环境的补充描绘——明月皎皎，垂柳依依，是那样富于诗情画意。“人约”，点出男女主人公并非邂逅灯市，而是早有密约。这表明他们即便尚未私订终身，至少也彼此倾心。

下片抒写今年元夜重临故地，不见伊人的感伤。“月与灯依旧”，说明景物与去年一般无二，照样月光普照，华灯齐放。但风景无殊，人事全异。“不见去年人”二句情绪一落千丈：去年莺俦燕侣，对诉衷肠，今年孤身支影，徒忆前盟，主人公怎能不抚今思昔，泪下如注。因何“不见”，一字不及，或话有难言之隐，或许故意留下悬念。全词的艺术构思近似于唐人崔护的《游城南》诗（去年今日此门中），却较崔诗更见语言的回环错综之美，也更具民歌风味。

这首词与唐朝诗人崔护的名作《题都城南庄》的“去年今日此门中，人面桃花相映红。人面只今何处去？桃花依旧笑春风”有异曲同工之妙。词中描写了作者昔日一段缠绵悱恻、难以忘怀的爱情，抒发了旧日恋情破灭后的失落感与孤独感。

上片写去年元夜情事。头两句写元霄之夜的繁华热闹，为下文情人的出场渲染出一种柔情的氛围。后两句情景交融，写出了恋人在月光柳影下两情依依、情话绵绵的景象，制造出朦胧清幽、婉约柔美的意境。

下片写今年元夜相思之苦。“月与灯依旧”与“不见去年人”相对照，引出“泪湿春衫袖”这一旧情难续的沉重哀伤，表达出词人对昔日恋人的一往情深。

在写法上，它采用了去年与今年的对比性手法，使得今昔情景之间形成哀乐迥异的鲜明对比，从而有效地表达了词人所欲吐露的爱情遭遇上的伤感、苦痛体验。这种文义并列的分片结构，形成回旋咏叹的重叠，读来一咏三叹，令人感慨。

《眼儿媚》

迟迟春日弄轻柔，花径暗香流。
清明过了，不堪回首，云锁朱楼。
午窗睡起莺声巧，何处唤春愁。
绿杨影里，海棠亭畔，红杏梢头。

这首小词，通过春景的描写，宛转地抒发了惜春情绪。上片写风和日丽，百花飘香，而转眼清明已过，落花飞絮，云锁朱楼，令人不堪回首。下片写午梦初醒，绿窗闻莺，声声唤起春愁。结尾三句，构思新巧，含蕴无限。全词语浅意深，辞淡情浓。清新和婉，别具一格。

上片“迟迟春日弄轻柔，花径暗香流”两句，描绘出一幅风和日丽，花香怡人的春日美景。“迟迟春日”语出《诗经·七月》“春日迟迟”，“迟迟”指日长而暖。“弄轻柔”三字，言和煦的阳光在抚弄着杨柳的柔枝嫩条。秦观《江城子》词：“西城杨柳弄春柔。”“弄”字下得很妙，形象生动鲜明。对此良辰美景，主人公信步走在花间小径上，一股暗香扑鼻而来，令人心醉，春天多么美好啊！但是好景不长，清明过后，却遇上阴霾的天气，云雾笼罩着朱阁绣户，犹如给女主人公的内心罩上了一层愁雾，使她想起了一段不堪回首的伤心往事。看来开头所写的春光明媚，并不是眼前之景，而是已经逝去的美好时光。不然和煦的阳光与云雾是很难统一在一个画面上，也很难发生在同一时间内。“云锁朱楼”的“锁”字，是一句之眼，它除了给我们云雾压楼的阴霾感觉以外，还具有锁在深闺的女子不得自由的象喻性。

下片着重表现的是女主人公的春愁。这种春愁是由黄莺的啼叫唤起的。大凡心绪不佳的女子，最易闻鸟啼而惊心，因此有唐诗有“打起黄莺儿，莫教枝上啼”之句。试想一个愁绪万端的女子，在百无聊赖之时，只好在午睡中消磨时光，午睡醒来，听到窗外莺声巧啭。不禁唤起了她的春愁。黄莺在何处啼叫呢？是在绿杨影里，还是在海棠亭畔，抑或是在红杏梢头呢？自问自答，很是耐人玩味。

作者用鸟语花香来反衬自己的惆怅，这是以乐景写哀的手法。作者在写景上不断变换画面，从明媚的春日，到阴霾的天气；时间上从清明之前，写到清明之后；有眼前的感受，也有往事的回忆。既有感到的暖意，嗅到馨香，也有听到的莺啼，看到的色彩。通过它们表现女主人公细腻的感情波澜。下片词的自问自答，更是妙趣横生。词人将静态的“绿杨影里，海棠亭畔，红杏梢头”，引入黄莺的巧啭，静中有动、寂中有声，化静态美为动态美，使读者仿佛听到莺啼之声不断地从一个地方流播到另一个地方，使鸟啼之声富于立体感和流动感。这是非常美的意境创造。以听觉写鸟声的流动，使人辨别不出鸟鸣何处，词人的春愁，也像飞鸣的流莺，忽儿在东，忽儿在西，说不清准确的位置。这莫可名状的愁怨，词人并不说破，留给读者去想象，去补充。

《清平乐》

风光紧急，三月俄三十。
拟欲留连计无及，绿野烟愁露泣。
倩谁寄语春宵，城头画鼓轻敲。
缱绻临歧嘱付，来年早到梅梢。

唐贾岛《三月晦赠刘评事》诗云：“三月正当三十日，风光别我苦吟身。共君今夜不须睡，未到晓钟犹是春。”女词人朱淑真因其意而用之于词，构思更奇。

词的起句便奇突。风光通常只能用秀丽、迷人写来形容，与“紧急”搭配很是奇特。留春之意已引而未发。紧补一句“三月俄三十”，此意则跃然纸上。

这两句属于倒置，比贾诗从月日说起，尤觉用笔跳脱。一般写春暮，止到三月，点出“三十（日）”，更见暮春之“暮”。日子写得如此具体，读来却不板滞，盖一句之中，已具加倍之法。而用一“俄”字渲染紧急气氛，比贾句用“正当”二字，更有生气。在三月三十日这个临界的日子里，春天就要消逝了。“拟欲留连计无及”，一方面把春天设想为远行者，另一方面又俨有送行者在焉，“拟欲留连”者究竟是谁？似是作者自谓，观下句则又似是“绿野”了。暮春时节，红瘦绿肥，树木含烟，花草滴露，都似为无计留春而感伤呢。写景的同时，又把自然景物人格化了。上两句与下两句，一催一留，大有“方留恋处，兰舟催发”的意趣，而先写紧催，后写苦留，尤觉词情叠宕。

上片已构成一个“送别”的局面。催的催得“紧急”，留的“留连无计”，只好抓紧时机作临别赠言罢。

故过片即云“倩谁寄语春宵”。上片写惜春却未露一个“春”字，此处以“春宵”出之，乃是因为这才是春光的最后一霎，点睛点得恰是地方。春宵渐行渐远，需要一个称职的使者追及传语的。“倩谁”？“城关画鼓轻敲”，此句似写春宵，同时也就是一个使者在自告奋勇。读来饶有意味，隐含比兴手法。唐宋时城楼定时击鼓，为城坊门启闭之节，日击二次：五更三筹击后，听人行。昼漏尽击后，禁人行。叫做“咚咚鼓”。鼓声为时光之友伴，请它传语甚妙。“临歧”二字把“送别”的构思表现得更加明显。最末一句即“临歧嘱咐”的“缱绻”的情话：“来年早到梅梢。”不道眼前惜别之情，而说来年请早，言轻意重，耐人寻味。“早到梅梢”尤为妙笔生花之语。盖百花迎春，以凌寒独放的梅花为最早，谓“早到梅梢”，似嫌梅花开的还不够早，盼归急切，更见惜春感情的强烈。把春回的概念，具象化为早梅之开放，又创出极美的诗歌意象，使全词意境大大生色。整个下片和贾岛诗相比，实在是别开生面，更有异彩。

贾岛诗只是诗人自己寄语朋友，明表惜春之意。

而此词却通篇不见有人，全用比兴手法创造了一个神话般的送别场面：时间是三月三十日，行者是春天，送行愁泣是“绿野”，催发者为“风光”，寄语之信使为“画鼓”，俨然是大自然导演的一出戏剧。而作者本人惜春之意，即充溢于字里行间，读之尤觉妙趣横生。

《菩萨蛮》

山亭水榭秋方半，凤帷寂寞无人伴。

愁闷一番新，双蛾只旧颦。

起来临绣户，时有疏萤度。

多谢月相怜，今宵不忍圆。

朱淑真本人的爱情生活极为不幸，作为一位女词人，她多情而敏感。词中写女主人公从缺月获得安慰，不啻是一种含泪的笑颜。无怪魏仲恭在《朱淑真断肠诗词序》中评价其词为“清新婉丽，蓄思含情，能道人意中事，同岂泛泛者所能及”。“春秋多佳日”山亭水榭”的风光当分外迷人，但词人却以极冷漠的笔调作出此词，因为“良辰美景奈何天”，消除不了“凤帏”中之“寂寞”——独处无郎，还有什么赏心乐事可言呢？“凤帏”句使人联想到李商隐《无题》诗中的名句：“重帏深下莫愁堂，卧后清宵细细长”。如此情状，叫人怎不颦眉，怎不愁闷？有意味的是，词人使“愁闷”与“颦眉”分属于“新”“旧”二字。“旧”字以见女主人公愁情之久长“新”字则表现其愁情之与日俱增。一愁未去，一愁又生，这是“新”；而所有的愁都与相思有关，这又是

“旧”。“新”“旧”二字相映成趣，更觉情深。

辗转反侧，失眠多时，于是乃有“起来”而“临绣户”似乎是在期待心上人的到来。然而户外所见，只不过“时有疏萤度”而已，其人望来终不来。此时，女主人公空虚寂寞的情怀，是难以排遣的。在这关键处，词人却又写出了一丝安慰，也算是自慰吧！词人给她一点安慰，一轮缺月，高挂中天，并赋予它人情味，说它因怜悯闺中人的孤栖，不忍独圆。“多谢”二字，痴极妙极。同是写孤独情怀，苏东坡在圆月上做文章：“不应有恨，何事长向别时圆”；朱淑真则在缺月上做文章“多谢月相怜，今宵不忍圆。”移情于物，怨谢由我，真有异曲同工同妙。

第三章 对景伤情，不为人知的悲愁

在封建社会，妇女的一生幸福都决定在丈夫身上。朱淑真被包办婚姻逼进深深的痛苦之中，在无法改变既成事实的情况下，她在婚后强颜欢笑，希望与夫家及丈夫改善关系。但是丈夫积习不改，一味投机钻营，甚至继常在外面应酬玩乐，有家不归。朱淑真感到自己的真诚和善意被糟踏了，她陷入了无边的失望与痛苦之中。

失望愁苦，子规春愁

朱淑真由于对丈夫的失望与灰心，她原有的一些欢乐情绪与乐观精神，已不复存在，她觉得周围的一切都暗淡无光，伤心伤情，充满了愁苦与忧伤。明媚的春光，常常令人欢欣鼓舞，但朱淑真面对美丽的春色春景，却只能引起连绵不断的愁绪。《新春》一诗说：

楼台影里荡春风，协气融怡物物同。
草色乍翻新样绿，花容不减旧时红。
莺唇小巧轻烟里，蝶翅轻便细雨中。
聊把新诗记风景，休嗟万事转头空。

楼台上春风轻荡，和煦的春日催发万物生长。小草重新长绿，百花盛妆开放；黄莺在轻烟里婉转鸣叫，蝴蝶在细雨中轻快飞舞。姑且赏景赋诗吧，不要再悲叹万事皆空了！诗人在描绘春色宜人可爱时，表面上是劝人珍惜时光，却流露出自己对光阴易逝、人事变幻的哀伤。悲叹万事皆空的正是诗人自己，她对婚姻的前途已经失望，一种无可奈何的悲凉情绪，在诗人心中缭绕盘旋，始终挥之不去。又如《晴和》：

海棠深院雨初收，苔径无风蝶自由。
百结丁香夸美丽，三眠杨柳弄轻柔。

小桃酒腻红尤茂，芳草寒余绿渐稠。
寂寂珠帘归燕未，子规啼处一春愁。

诗人看到雨过天晴之后，海棠开放，蝴蝶纷飞，丁香花在向人夸耀美丽，杨柳也在轻轻地梳弄柔枝；桃花好像饮醉了酒一样开得鲜红艳丽，小草则因为寒冷渐去而长成绿茵一片。可是，庭院寂寞无人，连燕子也未归来，只有远处杜鹃的一声声悲啼，带给人们无尽的春愁！这就是朱淑真在对景伤悲了。

《春阴古律二首》中，朱淑真更是直接抒写自己的幽恨闲愁。

薄云笼日弄轻阴，试与诗工略话春。
蠢蠢杨柳初学线，茸茸碧草渐成茵。
园林深寂撩幽恨，山水昏明恼暗颦。
芳意被他寒约住，天应知有惜花人。

——《其一》

陡觉湘裙剩带围，情怀常是被春欺。
半檐落日飞花后，一阵轻寒微雨时。
幽谷想应莺出晚，旧巢应怪燕归迟。
间关几许伤情处，悒悒柔情不自持。

——《其二》

《其一》是说，乌云遮日，天色微阴，我尝试写些春天的诗篇。新生的柳枝像绿色的丝线，小草也渐次长得美丽如茵，看着园林深寂茂密，山水忽暗忽明，不禁心头涌起阵阵愁思。我本来是要观赏春天的景色，花儿却因寒冷还未开放。

《其二》则说，突然发觉自己消瘦得多了，原来是一直被伤春的情绪所困扰。黄昏时一阵寒风细雨袭来，又不知落下多少花枝花瓣。天色已晚，山谷中还有黄莺鸣叫着飞进飞出，屋梁上的燕子却迟迟尚未归来。在一片鸟雀的鸣叫声中，自己又禁不住产生许多的忧愁。朱淑真可谓是处处触景伤情了。

春天的种种事物都不能令朱淑真有丝毫的开怀，究竟是为什么呢？她借《问春》说出了自己无比深重的愁苦：

春到休论旧日情，风光还是一番新。
莺花有恨偏供我，桃李无言只恼人。
粉泪洗干清瘦面，带围宽尽小腰身。
东君负我春三月，我负东君三月春。

春天带来了一番崭新的景象，本应忘却往日不如意的事情了。可是偏偏莺花怀恨，桃李恼人，令我整日以泪洗面，身体一天天的瘦弱下去。整个春天风景一味的恼人，三个月下来自己也没有过好的心情，真是辜负明媚的春光了。诗人的伤痛之情简直到了无以复加的地步。

对景无言，无聊愁闷

朱淑真婚后极想改善夫妻的关系，可是事情一直令她失望，心情一天天的变坏，不仅对着明媚的春天感到愁闷，而且一年四季她都处在烦恼和痛苦之中。如《日永》写道：

雨过横塘蛙吹闹，日融芳圃蜜脾香。

一痕心事难消遣，双鹊飞鸣过短墙。

雨过天晴，池塘里蛙声喧闹，夏天的阳光普照，园林中飘散着蜂蜜的芬芳。满腔的心事本来已经很难排遣了，一对喜鹊又鸣叫着飞过矮墙，更叫烦恼难解难消。朱淑真又是触景伤怀！再看她写的《端午》：

纵有灵符共彩丝，心情不似旧家时。

榴花照眼能牵恨，强切菖蒲泛酒卮。

她心情沉痛地说，尽管端午这一天仍然佩灵符、挂彩丝，但是已经没有少女时在娘家那种节日欢乐的心情了。美丽的石榴花只能引起我的痛苦与怨恨，不过还是要强颜应付家务，将菖蒲叶切好浸酒，用以避除瘟疫。显然，这与《立春日妆成宜春花》以及《立春古律》等诗，叙述她过节的无比快乐，绝对是相反的两种心境了。朱淑真对丈夫和夫家，从犹存希望到失望，其所受的第二次打击，给痛苦的心灵再次增加了难以磨灭的创伤。

到了秋天，朱淑真写有《早秋有感》：

西风渐渐收残暑，庭竹萧疏报早秋。

砌下黄昏微雨后，幽蛰啾啾使人愁。

西风吹走了暑热，庭中的竹林萧条疏落，显示早秋的来临。黄昏下了一阵细雨，台阶下隐藏在草丛里的蟋蟀，啾啾乱叫，令人感到无比的烦恼与忧愁。又如《秋末晚望》：

凉吹晚飕飕，芦花两岸秋。
夕阳楼上望，独倚泪偷流。

诗人是在哭诉。傍晚时秋风吹得又凉又响，两岸的芦花向江上飞扬。我站在夕阳映照的楼上眺望，独自靠着栏杆让悲哀的泪水偷偷流淌。这就不仅是一般的悲秋了，而是把因深秋带来的萧瑟景象，与自己不幸的婚姻遭遇相联系，从而再也无法控制内心的痛楚。悲怆得以泪洗面了。即使是中秋佳节，夫家的人都欢喜地团聚在一起共度节日，可是没有人体谅她的心情：

光阴如捻指，不觉是中秋。
欲赏今宵月，须登昨夜楼。
露浓梧影淡，风细桂香浮。
莫做寻常看，嫦娥亦解愁。

朱淑真是在说，时光像是用手指搓转那样快，不觉之间又到了中秋节。今夜要想登楼痛快地赏月，只有回到往日未嫁时，在娘家才能享受到真正的乐趣。月色之下雾气笼罩着梧桐树影，秋风轻轻地飘来桂花的清香。可是这一切于我都不再是寻常的事情了，唯有天上的嫦娥也许能够慰藉我那孤寂难平的内心。你看，团圆佳节，朱淑真竟然感伤到如此悲怆，其内心痛苦是怎样的沉重！

朱淑真对丈夫的失望，到了冬天更是怨愁倍增。她的《初冬书怀》里说：

触目园池景，荷枯菊已荒。

风寒侵夜枕，霜冻怯晨妆。

江上风翻赤，庭前橘带黄。

题诗欲排闷，对景倍悲伤。

诗人面对冬日园林景色，触目皆是枯荷荒菊。夜里霜冻冰结，寒风侵入枕褥，天亮了也因怕冻不愿起来做好晨妆。江边的枫叶已被风霜染成了红色，庭前的橘树则挂满金黄的果实。本想题诗排解心中的郁闷，岂料这严冬的景色反而令人倍增悲伤。

由此可见，朱淑真在婚后渐渐对丈夫失去希望以后，其悲哀凄苦可谓无处不在，无时不有！正如她在《春日杂兴》一诗里所说：

窈窕风光艳艳春，无言桃李一番新。

青回野烧草初染，光冷幽香兰可纫。

官柳欲眠多态度，海棠贪睡足精神。

旧游似梦浑情懒，对景无聊愁杀人。

春色是那样的美好艳丽，从来不炫耀自己的桃花李花也换了一派新鲜的景象。曾经野火焚烧过的小草又染回了新绿，兰花也在春光中不断飘散出幽香。杨柳轻飘多姿多彩，海棠盛开娇艳迷人。

往日的美好已经如烟如梦，眼前的情景却牵动无尽的忧愁！朱淑真的作品，就是这样无一不交织着她的愁情与怨恨：

背弹珠泪暗伤神，挑尽寒灯梦不成。

卸却凤钗寻睡去，上床开眼到天明。

这是她在《无寐二首》中《其二》所诉说的，失意与绝望令泪水流涌，暗自伤愁；灯花与泪花更牵动着无边的愁绪，忧郁苦恼得叫人无法入睡，纵然是宽衣卸妆也仍然彻夜难眠。她的愁闷与痛苦，简直就像恶魔一样，时刻纠缠着她。

只为多情，苦情落空

朱淑真希望与丈夫加强沟通、增进理解、培养感情、改善夫妻关系，但是全部落空了。丈夫令她失望，她对婚姻的前途越来越悲观，再次陷入无边的痛苦之中，以致整天愁容满面，瘦弱不堪。这就使她进一步思考，丈夫固然积习不改，对自己毫不体贴和关心，那么自己是否用情太多，过于软弱与善良呢？这个苦果难道要自己单独承担吗？日子长得很啊，今后该怎么办？是心甘情愿永远做丈夫的顺服的奴隶呢，还是依旧让无边的愁苦把自己折磨到死？或者大胆冲破牢网，执着地追求自己幸福的理想？这些问题，在朱淑真无边的愁苦之上，又增加了几分沉重。

首先，朱淑真觉得自己对丈夫和夫家寄与的期望过高，因此用情太多。她的《对秋有感》说：

风倍凄凉月倍明，人间占得十分清。

可怜宋玉多才子，只为多情苦怆情。

很明显，朱淑真是借悲秋为名，以咏叹战国时代楚国著名辞赋家宋玉，来申诉自己的不幸遭遇。她说，秋风越是冷飕飕的劲吹，月儿就加倍显得分明，而带给人间的也就更加凄凉与冷清。可怜宋玉才华横溢，却是一生郁悒不得志，他对楚王寄望过高，用情太多，最终得到的仍是失意与悲伤。朱淑真自己不是也一样吗？她对丈夫希望与用情的结果，也真叫人心寒啊！她感到悔恨了。

她在另一首叫《绝句》的诗里又说：

杨花扰乱少年心，怕雨秋风用意深。
付与酒杯浑不管，从教天气作春阴。

朱淑真在诗中也是借少年来比喻新婚后的自己，说春天的杨花随风飘荡，把少年人的心绪搅乱，你对春天用情过深，它那风风雨雨会令你格外伤神，从今以后干脆饮酒买醉吧，再也不管它是天晴还是天阴。朱淑真从此吸取了教训，几乎要用决绝的态度对丈夫作冷眼旁观，任由夫妻的关系名存实亡，也在所不惜！

朱淑真对丈夫的失望与冷淡，在《诉愁》一诗里有了进一步的发展：

苦没精神只爱眠，梦魂还又到愁边。
旧家庭院春长锁，今夜楼台月正圆。
凤带空垂云锦帐，兽炉闲燕水沉烟。
良辰美景俱成恨，莫明新年与旧年。

朱淑真说，我在夫家生活得愁苦万分，什么心情都没有了，连做梦也充满怨愁。回想在父母家里是多么快乐，一家人常常赏月庆团圆，可是我未嫁时住的闺房，现在已是人去楼空，金兽铜炉也不再点燃沉香。然而夫家纵有千种良辰美景，也只能给我带来怨恨，不管是新年还是旧年，我根本就毫无兴趣可言。朱淑真对夫家的厌恶，对丈夫的憎恨，似乎到了水火不相容的地步，她与丈夫的婚姻危机，已经敲响了警钟。

同样，朱淑真还借吟咏花木，来表达她对不幸婚姻的怨恨。她在《柳》一诗里说：

万缕千丝织暖风，绊烟留雾市桥东。
砌成幽恨斜阳里，供断闲愁细雨中。

在钱塘（杭州）的市桥东面，有无数的杨柳笼罩在暮春的淡烟薄雾之中，万千条柳丝在暖风里轻飘曼舞。每当夕阳斜照，就好像堆积着重重的幽恨，教人无法解开，而在细雨迷濛时，更会勾起人们绵绵不断的愁思，任凭怎样也挥之不去。朱淑真在诗里，借咏柳把她对婚姻的失望和对丈夫的怨恨，以及万般的愁苦，都尽情地倾诉出来了。

朱淑真的性情是刚烈的，既然与丈夫关系无法改善，便对丈夫与夫家产生了强烈的怨恨，如果继续僵持下去，甚至一旦彻底破裂，那么自己应该怎么办呢？她不禁感到有些茫然，怜惜起自己来了。她在《新荷》一诗里说：

平波浮动洛妃船，翠色娇圆小更鲜。
荡漾湖光三十顷，未知叶底是谁莲。

出水的荷叶像洛水女神宓妃的花船，在湖面上浮动，青翠娇美得又圆嫩又艳丽。三十顷的湖面荡漾着密密层层的荷叶荷花，蔚为壮观，可是不知道这些叶子底下结满的是谁的新莲。朱淑真用新长的荷叶荷花来自比，感慨自己像在湖面上荡漾的荷叶，不知到底会有谁加以怜爱。诗里结句的“莲”字，相关为“怜”字。早在六朝乐府诗里就有很多这类相关语的用法。例如余冠莫《乐府诗选》内的《子夜歌》：“雾露隐芙蓉，见莲不分明。”便诠为：“莲是怜字的相关语。怜，爱也。”又《读曲歌》：“必得莲子时，流离经辛苦。”也诠为：“莲子谐怜子。”朱淑真也在诗里用“莲”与“怜”字相关，巧妙地道出自己的际遇实在可怜，她多么渴求得到同情与爱怜啊!

悲愁恨病，杜鹃鸣啼

在古代封建社会，妇女的命运常常受到男人的主宰；夫妻争斗，罪责就一定归于女方。朱淑真作为官家少妇，与为官的丈夫不和，自然很难得到男权社会的同情；尽管她在诗词里呼喊、申辩与抗争，然而女性的声音毕竟太小了，没有多少男人会去倾听。朱淑真被困在夫家无可奈何，依旧只能在悲、愁、恨、病和酒里打发日子。

朱淑真在《春霁》里说道：

淡薄轻寒雨后天，柳丝无力妥残烟。
弄晴莺舌于中巧，著雨花枝分外妍。
消破旧愁凭酒盏，去除新恨赖诗篇。
年年来对梨花月，瘦不胜衣怯杜鹃。

雨后天晴，气温微微寒冷，柳丝在烟雾中轻轻地摇摆。黄莺望着晴天婉转欢唱，花枝带着雨露分外妍丽。清解旧愁要多喝烈酒，排除新恨则靠写诗赋词。年年面对春情春景，自己却因愁深恨浓而弄得病弱消瘦，更怕听到杜鹃悲切的叫声，又勾起几多忧愁！在这里，朱淑真仿佛对着春天哭诉，她给旧愁新恨折磨得几乎要死去活来了。于是，她对生活渐渐失去乐趣，对世事也愈来愈觉冷漠，一切都变得疏懒闲散起来。正如她写的《绝句》所说：

乳燕调雏出画檐，游蜂喧翅入珠帘。
日长无事人慵困，金鸭香销懒更添。

母燕带领小燕在屋檐下飞进飞出，蜜蜂鼓着翅膀嗡嗡叫着在窗前飞来飞去。春天整日闲愁无事令自己越来越懒散困倦，连鸭形香炉烧尽了香木，也挪不动双脚再去点燃。朱淑真对春天呈现到眼前的生动景色，竟然无动于衷，疏懒得连手脚都不愿去动，说明她被不幸婚姻带来的愁苦，搅得心灰意冷，什么兴趣都没有了。

再看朱淑真《酒醒》一诗：

梦回酒醒嚼盂冰，侍女贪眠唤不应。
瘦瘠江梅知我意，隔窗和月漫腾腾。

诗人用酒把自己灌醉，半夜醒来想找块冰含嚼，可是侍女偏偏睡得很深沉，连声叫唤也未醒来。只有江边瘦削的梅花最能体会诗人的心意，隔窗望去，它正在溶溶的月色之中，显出一副慢腾腾的困倦样子。诗人视疲弱的梅花为知己，把梅花深夜的困倦来衬托自己酒醒后疏懒的情态，处处流露出诗人无法排解的哀愁。这种哀愁甚至把她折磨得病了，整日无精打采，什么事情也不想去做：

《睡起二首》其一

起来不喜匀红粉，强把菱花照病容。

腰瘦故知闲事恼，泪多只为别情浓。

诗人早上起来已经不像平时那样涂粉化妆了，勉强把铜镜拿来照看，发现自己满脸憔悴一副病容。其实自己也深深知道，身体日益瘦弱是因为忧伤所致，痛哭流泪则是哀伤离别、陷进了不幸的婚姻。接着，朱淑真还说：

《睡起二首》其二

懒对妆台拂黛眉。任他双鬓向烟垂。

侍儿全不知人意，犹把梅花插一枝。

诗人神精慵倦，再也不愿意坐到妆台前面施粉描眉、梳头打扮，而任由鬓发蓬松地垂向两边。侍女全然不知主人的情绪，依旧要把一枝梅花插到诗人的鬓发上面。诗人由愁苦哀伤而失却生活的乐趣，一副病愁、瘦弱、懒倦的情态，活生生地浮现出来，令人深感哀怜。

朱淑真被愁怨摧残得如此病弱，完全失了常态。当明媚的春天来临，邻居女子约她去春游散心时，一向喜欢踏青赏春的诗人，却矛盾至极了。她的《约游春不去二首》其一写道：

邻姬约我踏青游，强拂愁眉下小楼。

去户欲行还自省，也知憔悴见人羞。

诗人说，她们约我春日郊游，我本想不去，但又盛情难却，只好勉强答应；到了离家出门时，细想自己终日忧愁苦闷，弄得憔悴不堪，羞于见人，终于辞却不去了。这种羞涩难堪，非常生动真切地表现出诗人的愁苦无奈。其二又进一步说出她不去的另一层原因：

少年意思懒能酬，爱好心情一向休。
若到旧家游冶处，只应满眼是春愁。

朱淑真承接上一首诗说，对于青少年喜欢的郊游踏青、春日赏景的种种活动，这些年来自己早就失却了兴趣，疏懒于酬顾了，特别是害怕旧地重游而人事已非，更会徒增自己的许多烦恼，因此不去也罢。朱淑真被婚姻造成的重创，已使她的精神负荷，超越了常人所能承受的限度了。

在朱淑真看来，春色迷人，但春色也会使人伤心，所以她决定不去春游看花了。这在《独坐感春》一诗里，说得更加明白：

翠密藏鸦绿柳堤，伤春懒矣步桃溪。
梦回窗下日当午，超鸩一声林外啼。

堤岸上的杨柳翠绿茂密，鸦雀就藏身在里面，春色令人伤心，所以就懒得闲步溪边看花了。午问从梦中醒来，发现自己坐在窗前，林外传来一声声杜鹃的啼叫，那忧伤哀怨教人烦恼不堪！可见朱淑真极想游春，却又不敢游春，是害怕愁上加愁，不堪精神重负啊！

在朱淑真的作品中，像这类因婚后与丈夫不和而愁恨交织，并伤及身体，导致病弱憔悴的吟咏，真是不胜枚举。

裁剪新枝，情趣相异

朱淑真婚后与丈夫志向不同，情趣相异，感情不和。一个热衷仕途，追名逐利，一个襟怀高远，志趣淡雅；一个粗卑庸俗，学识浅薄，一个姿色娟丽，多才多艺。朱淑真曾经试图缩短两人之间的差距，增进夫妻感情，但是她的许多努力都失败了，彼此间还常因小事而口角不断，令夫妻关系迅速敲起警钟。但是要与丈夫离婚是不可能的，因为在礼教森严的宋代社会，对妇女的贞操观念规范得非常严厉，朱淑真若与丈夫解除婚约，她将终身背负不贞不洁的罪名，无法在上流社会中生存下去。想让丈夫休妻吗？也非易事，因为彼此都是显赫的官宦之家，当初嫁娶，气派豪华，热闹非凡，远近无人不知；而妻子才色娟丽，超群脱俗，也是极少有人能够与之相比，夫家就是绞尽脑汁也找不出她有丝毫违反“三从四德”的理由，更谈不上构成任何休妻的条件。而且若是引发这个矛盾，两个家庭便会互不相让，甚至彼此家族之间都会展开旷日持久的争斗，其后果不堪设想。朱淑真的丈夫善于在官场钻营，他一定深知此中的利弊，危及他的仕途，正是他最惧怕的，因此，休妻之事，他连想都不敢去想。鉴于上述情况，朱淑真与丈夫的关系便一直处在烦躁无爱的忧愁怨恨之中。

正当朱淑真的婚姻危机紧急之际，她的丈夫竟然获得加官升迁，从此多年宦游在外。据清人况周颐《蕙风词话》说，朱淑真的丈夫“似初应礼部试，其后官江南者。朱淑真从宦常往来吴、越、荆、楚间”。古代品级较高的官吏赴任，一般都会携带家眷，朱淑真的丈夫深知妻子才色超群，大可以借此在官场上炫耀自己，因此他执意要带朱淑真随他同赴任所。对此，朱淑真尽管极不愿意，但也无可奈何；再深一层去想，随夫宦游，也可扩大自己的视野，增广见闻，并借此机会寄情散心，舒解郁闷愁怨，或许夫妻关系也还有改善的契机？朱淑真就在这种种颇为复杂矛盾的心绪之下，离开了令她一度憎恶的夫家，也离开了她长期住惯了的被称为锦绣江南的南宋都城杭州，更是告别了她至为亲爱的父母和兄嫂等人。所以，朱淑真仍然是带着愁苦去随夫宦游：

《舟行即事七首》其一

帆高风顺疾如飞，天阔波平远又低。

山色水光随地改，共谁裁剪入新诗。

朱淑真说，船帆高高升起，船只顺风向前飞快行驶，这时江面上波平浪静，天空无比广阔，远处水天相接。两岸的山川急速地向后退去，眼前虽不断地变换出秀丽的景色，然而却没有人能够与我一起作诗赋词，抒写心中的情怀！朱淑真明明是陪伴丈夫去赴任的，可是丈夫对途中的一切景物都无动于衷，更无任何文学的才能与她一道对景吟唱，共同描绘那奇妙的山色水光，在她看来，这是多么的可惜啊！她不禁对丈夫的乏才异趣产生了失望与不满，一种同行无知音的愁闷与无奈，就随之而爆发出来了：

《舟行即事七首》其五

对景如何可遣怀，与谁江上共诗裁？

日长景好题难尽，每自临风愧乏才。

朱淑真接着说，山水美景也无法消解我心中的愁苦，何况在江上又有谁能与我吟诗唱和？每天都有抒写不尽的美丽景色，连我这个多才多艺的诗人，也都深感自己的才思有所不足了。言下之意是怨恨与自己同船远行的丈夫，竟然毫无学问修养，更无作诗填词的能力，令自己觅无知音，索然无味。多日来夫妻共行，一路上舟舸山水，白云蓝天、风和丽日、波光浪影，触目皆为胜景，也只能独自感伤，这又是多么的孤独和寂寞啊！若干日子过去了，诗人又说：

《舟行即事七首》其六

岁暮天涯客异乡，扁舟今又度潇湘。

颦眉独坐水窗下，泪滴罗衣暗断肠。

诗人说，一年将尽，我仍然沦落天涯、客居他乡，今天我又要再次乘船驶过潇水和湘江，我愁眉紧锁地独坐在临水的窗前，不禁暗自落泪，湿透了衣裳，伤透了肝肠！丈夫为仕途奔波，害得朱淑真也要长年累月跟着他东奔西跑，可是两人相处又索然无味，朱淑真心中的孤独寂寞无人理解，她的愁苦怨恨也愈积愈多，以至年复一年长期折磨，怎能不肝肠寸断！

在旅途中，固然因为夫妻没有共同点，全无乐趣，而在日常的家居生活中，同样因为情趣各异，令朱淑真烦恼至极。即使是明媚的春日，心灵仍然是无比的沉重：

《春昼偶成》

默默深闺掩昼关，简编盈案小窗寒。

却嗟流水琴中意，难向人前取次弹。

宋代女陶俑

诗人在美好的春日，独自躲进闺房里面，关起门来，默默无语；窗前的案桌上堆满了书卷，却禁不住外面的寒气一阵阵吹袭进来，令人冷得发抖。我再也不能在人前随意弹奏像“高山流水”那样的琴声了，因为已无知音，丈夫怎能了解我那孤寂难耐的心曲？显然，诗人在怨恨丈夫对自己毫不关心，也不理解，令自己终日孤独寂寞，烦躁不安。夫妻都不能成为知己，心灵不能相通，那么彼此还有什么感情和趣味呢？难怪她常常要哀叹自己的苦恼了。

终于有一天，朱淑真实在忍耐不了丈夫那种粗鄙庸俗的品性，直斥道：

《圆子》

轻圆绝胜鸡头肉，滑腻偏宜蟹眼汤。

纵有风流无处说，已输汤饼试何郎。

朱淑真把自己比喻为轻巧、光洁的圆子，而丈夫则是粗鄙丑陋的鸡头肉（一解为芡实）。她说，轻圆洁白的圆子远胜于丑陋粗俗的鸡头肉，其香嫩润滑也超过蟹眼汤。我纵有风情话语也无人可说，因为丈夫根本就不是才貌双全的何郎！“何郎”，指何晏，《世说新语》说：何晏美姿貌白，魏文帝怀疑其傅粉化妆，于是趁炎夏叫他吃热辣的汤饼，只见他吃得满头大汗，并用红色的衣衫擦脸，而脸庞却愈擦愈白，更加漂亮了。朱淑真个性刚烈，爱恨分明，她一连用了几个比喻，既表现自己的自负，也奚落、揶揄了丈夫，以发泄她对“所适非偶”的怨恨。

夫妻不相投，有时赌起气来，就会分房而宿，而作为妻子的，就显得更加寂寞孤单。朱淑真在《冬夜不寐》一诗中写道：

推枕鸳帷不奈寒，起来霜月转阑干。
闷怀脉脉与谁说，泪滴罗衣不忍看。

诗人说，冬夜独睡，锦被也耐不住严寒，起来遥看霜月斜挂在天上，一片凄冷的景象。她满腔的幽恨没有人可以诉说，尽管泪水已把衣衫浸透，也不忍心再去察看！“闷怀脉脉与谁说?”冬夜不寐，丈夫没有同床共枕，自然无人可说；即使丈夫在身边，对他说也无用，因为一切愁怨皆由他而引起，夫妻已经没有共同的语言。至于对外面的人，因为这是夫妻不和的事，又怎好再说呢!

朱淑真独宿的凄苦与悲凉，真是声声字字都是泪。

冬去春来，朱淑真跟随当官的丈夫在他乡任所，不觉又是经年，夫妻感情毫无好转的迹象，她依旧在愁苦和病痛之中度过。她的《生查子》词写道：

寒食不多时，几日东风恶。无绪倦寻芳，闲却秋千索。
玉减翠裙交，病怯罗衣薄。不忍卷帘看，寂寞梨花落。

寒食节在农历清明的前一天或二天。相传春秋时代，晋国君主晋文公为悼念功臣介子推，在他的死日那天全国禁止生火做饭，只吃冷食，以后便相沿成俗，定为寒食节。朱淑真在词中说，寒食节刚过不久，就一连吹了好几天的东风。自己因为心情不好，就懒得出外春游，连庭园里的秋千也让它空闲着。娇弱的体态瘦损不堪，愁病的身子弱不胜衣，我怎能卷起珠帘，再忍心去看那孤寂的梨花纷纷飘落！诗人以自己的病弱与梨花的飘落互相映衬，表达出她在客居生活中的孤单与寂寞，而梨花的飘落，又意味着春天和美好事物的逝去，这就更令诗人愁苦满怀了。接着朱淑真又描绘出一幅暮春三月、花落草长的凄凉景象：

林花落尽草初齐，客里萧条思欲迷。
又是春光去时节，满城飞絮乱莺啼。

诗人说，争春的百花都凋零枯谢了，只剩下杂草还在生长。我客居他乡，形单影只，心里一片迷惘寂寞。眼前又到了春光逝去、好景难留的季节，到处都是飘落的飞絮，黄莺也悲鸣着乱飞乱窜，更加令人感到哀伤与惆怅。

总之，朱淑真随夫宦游以来，夫妻关系并未改善，反而因客居他乡，更令她倍感孤单寂寞，愁苦万分。她无法改变这个现实情况，在无可奈何之中，唯有盼望丈夫的任期快快结束，好让她早点回到父母的身边。她的《春日书怀》写道：

从宦东西不自由，亲帏千里泪长流。
已无鸿雁传家信，更被杜鹃追客愁。
日暖鸟歌空美景，花光柳影漫盈眸。
高楼惆怅凭栏久，心逐白云南向浮。

诗人说，随夫宦游在外，实在是身不由己，每当想起远在千里之外的父母，就忧伤得痛哭泪流了。已经很久没有收到家信啦，日夜听到的尽是杜鹃的悲鸣。尽管春暖花开，鸟儿歌唱，柳树婆娑，满眼的美景于她也毫无关系了，她只是孤独地站在高楼之上，长久地凭着栏杆，痛苦地眺望，心绪追逐着白云，飘向南面的家乡。朱淑真由情入景，对景抒情，用春光春色托出自己的愁思，又道出自己久居他乡，实出无奈，而怀土思亲之情，就更加炽烈和急切了。

思亲怀土，多愁善感

朱淑真与父母的感情十分深厚，虽然父母为了找门当户对的亲家，把她错嫁给了一个粗俗的官吏，令她的婚姻痛苦不堪，但她很能体谅父母的用意，因此对父母毫无抱怨。当丈夫要带她游宦浙东和江苏扬州等地时，她非常留恋父母，也不愿意离开与父母同住多年的都城杭州。因此，在她随夫宦游期间，时时都在思念父母，怀念未嫁时居住的故园旧家。

朱淑真跟随丈夫到地方上任，旅途之中因与丈夫的情趣格格不入，一想起离开父母亲多日，两地相隔越来越远，就愁思满面，愈加想念两位老人家了：

《舟行即事七首》其二

扁舟欲发意何如，回望乡关万里余。

谁识此情肠断处，白云遥处有亲庐。

她在诗中说，小船又要离岸开航了，回头遥望故乡已在万里之外，这时的心情真是难过啊！有谁了解此情此景多么令人肝肠寸断，因为那悠悠的白云下面，就是我双亲大人的住家！传说唐代著名的法官狄仁杰赴并州任职时，他的父亲仍在河阳做事，有一天他途经太行山，看到南边的一片白云在轻轻地飘动，他忽然非常激动地对随行的人员说：“我的双亲大人就住在那片白云的底下啊！”说罢，眼泪不禁刷刷地流了下来，直到那片白云飘散了，他才带领部属继续前行。因此，后人便常以白云所在比喻为思亲之情。朱淑真在诗中表达对双亲的思念，充满了忧伤哀婉的感情。后来朱淑真又写道：

《舟行即事七首》其三

画舸寒江江上亭，行舟来去泛纵横。

无端添起思乡意，一字天边归雁声。

意思是说，她因为随夫宦游他乡，经常要坐船南来北往，那思乡思亲的情绪就难免时时会浮动起来；远处传来阵阵的叫声，原来是天边的大雁排成一字队形，扰人心乱地往回飞去，又勾起游子的多少愁情和哀伤啊！朱淑真诉说的怀土思亲的心声，其情真切。其意浓烈，令人感动！

朱淑真在《舟行即事七首》其四又写道：

满江流水万重波，未似幽怀别恨多。

目断亲闱瞻不到，临风挥泪独悲歌。

这是说，满江的流水和万重的波涛，都比不上我的离愁别恨来得更多。回望故乡是那样的遥远，双亲再也看不见了，我只有独自对着江风，泪流满面地唱着离别的悲歌！诗人离别父母后的思念之情，用无量的江水与波涛相比，极言其深远无限、广阔无边，非常形象地写出诗人深沉的忧思。

朱淑真对父母的思念无时无刻不在，她在《舟行即事七首》其七再次写道：

岁节将残恼闷怀，庭闱献寿阻传杯。
此愁此恨人谁见，镇日愁肠自九回。

诗人说，一年将尽，又是向父母献寿的时候了，但是我客居他乡，被关山阻隔，无法向他们举杯祝贺。如此的愁苦与悔恨又有谁能够知晓呢，我可是每日都悲伤得愁肠百转啊！朱淑真对父母的深情厚意，堪称是孝顺儿女的典范了。

此外，朱淑真在随夫宦游时，还先后寄回几首赠诗给父母，同样表现出骨肉情深的亲密关系。她的《寄大人二首》其一写道：

去家千里外，飘泊若为心。
诗诵南陔句，琴歌陟岵音。
承颜故国远，举目白云深。
欲识归宁意，三年数岁阴。

她对父母说，我离家千里之外，飘泊他乡多年，但是心里一直记挂着父母，无论吟诗还是弹琴，都想着如何孝敬父母。然而想承欢膝下令双亲快乐，却因家乡太远无法实现，只好望着悠悠的白云，寄托我无限的愁思。要想回家与父母团聚，还须等候三年的光阴啊！

朱淑真在《寄大人二首》其二又写道：

极目思乡国，千山更万津。
庭帏劳梦寐，道路压埃尘。
诗礼闻相远，琴樽谁是亲。
愁看罗袖上，长捏泪痕新。

她的意思是说，我因为想念故乡和亲人，常常情思跨越万水千山，依然是望眼欲穿。父母亲多次梦见了我，可是他乡通往故园的道路却铺满了灰尘。现在想听父亲的教导，但彼此相隔得那样的遥远，有心要孝敬父母，而他们却不在自己的身边。看着衣衫上不断滴下的泪水，总是抹个不完，我心中的孤寂和郁闷啊，怎么才能排除得开！可见诗人思亲的愁苦，是多么得刻骨铭心啊！

朱淑真由于思亲心切，对家乡的一草一木都寄予无限的深情。她在《春色有怀》里写道：

客里逢春想恨浓，故园花木梦魂同。
连陡绿荫晴烟里，映水红摇薄雾中。

诗人说，自己客居他乡，每当春天来临就会引起怀土思亲的愁情恨意，这种浓烈的情感，竟然令故园的花草树木，都常常在梦魂中出现。你看，十里长堤，云气缭绕，绿柳成荫；薄雾里，花枝花叶轻轻摇动，倒映在水中。我梦中的故乡啊，春意正浓！诗人把自己思乡的情怀寄寓于花木，感情纯真，意味隽永，将游子梦萦魂绕的乡愁，委婉曲折地抒写出来。

春天既然会引起游子思归的愁绪，那么节日的风习就更容易撼动客居他乡者的心灵，诱发他们怀念故乡的情思。朱淑真随夫宦游在江苏、安徽等地时，就写有《寒食咏怀》一诗：

淮南寒食更风流，丝管纷纷逐胜游。
春向眼前无限好，思亲怀土自多愁。

淮南，指淮水以南、长江以北的地区，跨越现今的江苏和安徽两省。朱淑真在诗中说，淮南地区的寒食节，比家乡的寒食节更加热闹和隆重，人们在这一天除了郊游踏青之外，还纷纷涌向风景名胜去参观游览，举行各种娱乐活动。眼前的春光确实是无限的美好迷人，但是由此却令我思乡怀土之情又增添了许多的愁苦!

由此可见，朱淑真在客居外地时，无论是人事还是景物，都容易引起她思乡思亲的愁绪，也显出她“从宦东西不自由”的无奈与忧伤。

偶得家书，万金不换

朱淑真随夫在外宦游多年，平添许多的伤悲与忧愁，她多么希望丈夫任期届满，好让她尽早结束这种客居的生活，快快回到杭州，回到父母和亲人的身边。但是关山远隔，期限未到，她只能是梦萦魂牵、愁思满怀，而古代文书的传达又十分困难和缓慢，因此偶接家书，就令她如获至宝，高兴得难以形容。她的《和前韵见寄二首》，就是她收到家书后，回寄给父母的赠诗，诗中的《其一》写道：

忽得南来信，殷勤慰我心。
新诗怜俊逸，清论忆容音。
目断乡程远，楼高客恨深。
三年重会后，依旧见荆阴。

诗人说，忽然收到家里的来信，信里充满了亲切的情意，极大地宽慰了我孤寂的心灵。睹物思人，双亲啊，我多么喜欢父亲那俊逸洒脱的诗风！我读着那些清新的言辞，又如同见到了你们的音容笑貌！只是乡关遥远，遮断了望乡的视线；我登楼远眺，客居的愁苦更加令人惆怅。幸好已与亲人订下了相会的日期，三年之后我便可以回家与父母团聚了！朱淑真在诗中极有层次地叙写收到家书后的心理演递过程，先由喜悦到忆念，到愁思，最后又写到团聚的期望，热烈地抒发了她希望见到父母亲的迫切愿望。

接着，朱淑真在该诗的《其二》里继续写道：

忆昔江头别，相看对古津。
去来分橹棹，南北隔音尘。
把酒何时共，论文几日亲。
归宁知有约，彩服共争新。

诗人因思念父母的急切心情，不禁又回忆起与父母惜别时的情景。当日站在江岸上将要乘船远行时，大家都难过得说不出话来，只得默默地看着古渡口的流水，声音像在哭泣。自此离别之后，彼此就隔着天南地北，很少再听到音讯了。父母亲，什么时候我们才能再在一起，把酒吟诗、谈论诗文！回家探亲的日子不是已经约定好了吗？届时我就会像古代老莱子那样，穿上色彩斑斓的衣服，上堂娱乐双亲，共叙天伦之情！据《十四孝经》说，春秋时有老莱子事亲，他非常孝敬父母，虽然自己年逾七十，却常常穿着五颜六色的衣服，模仿小童的样子又跳又舞，令父母觉得非常快乐；他有时还假装挑水上堂，然后摔倒在地，学着婴儿一样哭叫，以博父母一笑。朱淑真借用老莱子娱亲的故事，生动地表现其思亲之切和事亲之诚，令人感动。

数月之后，不觉又到了秋天。正当朱淑真又在计算着日期，苦苦地思念故乡和亲人时，有一天，急速的马蹄声由远而近，驿使又送来了一封家书。朱淑真又惊又喜，展读之后，感慨不已，立即又写下了一首《秋日得书》，诗云：

秋风车无意，愁思自难禁。
共月伤千里，来书胜万金。
代骝惊北吹，越鸟恋南林。
已有归宁约，何须惜岁阴。

诗人说，秋风本来是无意引人悲愁的，但萧杀的秋风却使客居的愁思无法抑止。明月相共，可是人隔千里，多么令人伤心；久居他乡而偶得家书；真是胜过获得万两的黄金啊！产于北方的代骝马，因吹来故国的北风而惊心；生于南方的越鸟，在异地却喜欢朝南而栖。我已经定下了回家省亲的日期，就不必叹息光阴的流逝，让岁月快快过去吧！诗人用夸张的手法，写“来信胜万金”，说明收到家书的宝贵，可见其思亲的难耐和等待的急切。杜甫《春望》诗有云：“烽火连三月，家书抵万金。”朱淑真正是套用杜甫的诗句，真切地表现自己的感伤与忧虑。

朱淑真偶接家书产生的悲喜交集情感，在她写的《得家嫂书》一诗中，更有淋漓透彻的表现：

声声喜鹊报温柔，忽接芳缄自便邮。
一尺溪藤搞锦带，数行香墨健银钩。
倾心吐尽重重恨，入眼翻成字字愁。
添得情怀无是处，非干病酒与悲秋。

诗里说，喜鹊在屋梁上吱吱喳喳叫个不停，大概有什么喜讯要报告，果然就收到了嫂子托人带来的书信。只见银色信笺上像是绘下了一条条美丽的锦带，每一个字体既写得秀丽可人又刚健有力，看了着实叫人喜欢。嫂子啊，你在信中的一番真诚话语。真是说出了我心中的千重怨恨，读着读着反而令人生出了无限的忧愁。书信本应带给我欢喜，结果却更加增添了我无法消解的悲哀；这悲哀既不是病酒也不是悲秋，而是因为“所适非伦”造成的婚姻痛苦啊！朱淑真与家嫂感情甚笃，有着深厚的友情，她是朱淑真的一位知音，对朱淑真遭遇的不幸、委屈和哀怨最为了解，始终给予深切的同情，朱淑真每每从嫂子的关怀和劝解中，感受到温暖和安慰。因此，朱淑真在宦游他乡感到客居孤寂和哀愁时，嫂子的来信就成了她医治心病的一剂良药。

显贵人家，稀客嘉宾

朱淑真作为一位才貌双全、超群出众的女子，在上层社会中受到许多人的青睐，不少权高位重的显贵们的眷属都纷纷礼请朱淑真前去家中作客，朱淑真的丈夫也不管妻子愿意不愿意，经常带着朱淑真到官场交际，让她与显贵们的女眷周旋。不过，朱淑真极为厌恶官场上的追名逐利和庸俗习气，因此对这些交游，她能推的就推，实在推不了的，她就只得马虎应付，心思全不放在上面。所以，尽管朱淑真在都城杭州，以及随夫“宦游吴、越、荆、楚间”，即今江苏、浙江、安徽、江西、湖北、湖南等地，都与许多豪门贵族的妇女有过频繁的交游，而在她的诗词中记下的却很少。她是一个襟怀高远、淡泊名利、爱好文学艺术、擅长诗词书画的清高雅丽的仕女，她只喜欢与她有共同志趣、能诗善文的高雅娴淑之仕女来往，谈诗论文，互相酬唱。

朱淑真当年与上层社会妇女交往最为密切的是魏夫人。那么魏夫人是何许人氏呢？有人以为魏夫人是曾布的妻子，那是不正确的。曾布于北宋神宗元年间累官户部尚书，哲宗朝擢同知枢密院，徽宗时为丞相；其妻魏氏因丈夫功业禄位被封为鲁国夫人。魏氏工诗善文，词名倾盖一时，人称魏夫人。从其对诗文的爱好来看，似乎与朱淑真相同，但是把朱淑真与之交往的魏夫人认定为曾布的妻子魏夫人，那未免陷于孤证而毫无根据；况且曾布夫妇是北宋人，而朱淑真是南宋人，生活年代相隔约百年之遥，硬把她们拉在一起，就要变成张冠李戴了。

事实上，朱淑真诗词中出现过好几个不同姓氏的“夫人”，都是对某姓氏的已婚贵族仕女的称呼，所以这位被称为“魏夫人”的，大可不必硬扯到曾布的妻子上。天下姓魏的人很多，这“魏夫人”或是指某位姓魏的上流社会妇女，或是某一姓魏的官绅夫人，她也是一位擅长诗文、喜爱音乐歌舞的贤淑妇女。据明代田汝成的《西湖游览志馀》卷十六说：“与淑真同时，有魏夫人者，亦能诗，尝置酒以邀淑真，命小鬟队舞，因索诗，以‘飞雪满群山’为韵。朱淑真醉中，援笔赋五绝……不惟词旨艳丽，而舞态之妙，亦可想见也。”也就是说，朱淑真向来是魏夫人家中的座上客。两人常以诗词会友。

这一天，魏夫人又请朱淑真前去家中赴宴饮酒，席间还专门叫丫鬟们表演歌舞，并向朱淑真索诗，而朱淑真在微醉中当即赋诗五首，因而留下了一段诗词佳话。这五首诗的题目是：《会魏夫人席上，命小鬟妙舞，曲终，求诗于予，以“飞雪满群山”为韵作五绝》，今引录以下：

其一为“飞”字韵。诗云：

管弦催上锦因时，体段轻盈只欲飞。
着使明皇当日见，阿蛮无计况杨妃。

意思是说，美妙的管弦乐奏响以后，小鬟们便列队在锦缎地毯上轻歌曼舞，她们优美的体态和轻柔的舞姿，一个个都像飘飘欲仙似的，仿佛就要飞了起来。假若当年的唐明皇能看见这帮小鬟们的舞蹈，他一定感到非常的惊叹，因为以金葳蕤舞闻名天下的舞女阿蛮，她的舞姿也比不上这些舞步轻盈优美的小鬟，何况体态肥胖的杨贵妃，更是不在话下。诗人以比较和衬托的手法，高度评价了小鬟们娴热的舞艺。

其二为“雪”字韵。诗云：

香茵稳衬半钩月，来往凌波云影灭。
弦催紧拍捉将遍，两袖翻然做回雪。

意思是说，小丫鬟们的长裙拖到地毯，舞动时微微露出脚尖，状如半钩的月亮，她们轻巧的舞步，就像洛神仙女凌波漫步。当弦乐伴奏加快了节拍，小丫鬟们开始表演快速的回雪舞，她们扬起的长袖，就如迎春的白雪在上下飘舞。诗人以生动的笔墨，具体描绘出小丫鬟们轻巧的身段和优美的舞蹈动作，令人叫绝。

其三是“满”字韵。诗云：

柳腰不被春拘管，风转鸾回霞袖缓。

舞彻伊州力不禁，筵前扑簌花飞满。

意思是说，小丫鬟们灵巧地扭动着如柳的细腰，慢慢扬起彩霞一般的长袖，轻快地舞动，就像美丽的凤凰一样来回飞舞。然后小丫鬟们又随着强烈急促的音乐，跳起了热烈奔放的伊州舞。她们一个个累得精疲力尽，在筵席前面像是落满了艳丽的花朵。诗人极力描写小丫鬟们从舒缓到急迫直至结束的舞蹈过程，但已隐隐透露出一种感伤的意味。

其四是“群”字韵。诗云：

占断京华第一春，清歌妙舞实超群。

只愁到晓人星散，化作巫山一段云。

意思是说，小丫鬟们的舞技在京城是首屈一指的，她们的清歌妙舞实在是超群出众。只是即使是这欢乐达旦的歌舞酒宴，最后人们也会随晨星一同散去，正如巫山之云一样，世界上的一切都是时聚时散，如梦如幻，令人多么愁楚啊！诗人在前面三首诗中写尽小丫鬟们的动人歌舞之后，再作一个概括性的总结，给予高度的评价，可是最后又感慨人生，抒写乐中见悲、欢中显愁的情绪。这正是朱淑真受不幸婚姻的打击，终生悲愁苦楚、抱恨哀怨的表现，在一定意义上，也是对那个不合理的社会、不公平的人生际遇的怨恨与控诉！

联章绝句的第五首是“山”字韵，诗曰：

烛花影里粉姿闲，一点愁侵两点山。

不怕带他下燕妒，无言相逐省弓弯。

意思是说，在烛光灯影里还有一些化了装的舞女，因为受到冷落闲置。未能表演她们的舞艺，所以双眉紧蹙，内心忧愁。是呀，如今她们已经比不上那些身轻如燕的小丫鬟们了，但是过去她们在悲歌的舞蹈中也曾夺取过桂冠啊！诗人在这组联章绝句的最后一首里，转换了一个角度，叙写那些未上场表演的舞女的内心活动，突出写她们的愁怨，也是承接前面第三四首带出的感伤哀愁的情绪而来，朱淑真可谓处处触景生情，借景抒情，来舒解她的愁怨！

从上述诗中描写歌舞场面的庞大、变化的多样、气氛的热闹以及时间的长久，可以看出酒宴的豪华，魏夫人当是京华中达官显贵的妻室，朱淑真常为她家中的贵宾，并以诗词唱和，亦可知朱淑真丈夫在官场上的钻营，也少不了借助朱淑真在上流社会妇女中的交游，去达到他自己的目的。

朱淑真在贵族妇女中交结的文友，除了魏夫人外，与吴夫人的来往也甚为密切。朱淑真因随夫宦游在外，与吴夫人久不相见，只有书信和诗文往来不断。有一天，她们碰巧在舟楫途中相遇，意外的惊喜令她们有着诉说不完的话题，于是在兴高采烈之余，又互相赋诗填词，共同酬唱。先是吴夫人赠诗，后是朱淑真用吴夫人诗词的原韵，并且依据其先后次序写诗兼代书简作答，其诗题为《次韵见赠简吴夫人》。诗曰：

南北常嗟见未因，停舟今喜笑谈亲。
张姬淑德同冰玉，李白高吟泣鬼神。
和管幸听鸣凤侣，滥竽还愧赏音人。
佳篇奖拂还过实，班卫声名岂易伦。

诗人对吴夫人说，我们因为经常南北相隔，没有机会相见，今天喜得停舟相聚，尽情谈笑，愈感亲切。我真是羡慕你们夫妇是天赐良缘，一个像晋代妇女张姬那样，貌美贤淑，德行如冰清玉洁；一个似唐代诗人李白，才情横溢，写诗能惊天地泣鬼神。萧史和弄玉两人吹箫协奏，如鸾凤和鸣，令人无比高兴，但南郭先生吹竽，弄虚作伪，则愧对欣赏音乐的人。你对我拙作的称赞是言过其实了，我岂能与才女班昭相比呢！可见朱淑真与吴夫人谈诗论文，十分投契。

朱淑真与谢夫人也常有来往。《宴谢夫人堂》一诗，就是记述诗人应邀到谢夫人家中宴饮时的情况。诗云：

竹引春风入酒卮，森森凉气暗侵肌。

冰峦四叠浑无暑，不似人间六月时。

诗人说，谢夫人厅堂外面的修竹直引女宾客步入酒席，屋里弥漫着的凉气立即迎面吹来，侵袭着人的肌肤。待坐定以后，更觉阵阵凉意飘过，仿佛四周围拢着层层叠叠的冰山，暑热全消，根本就不像人间六月的酷热天气。朱淑真在这首诗中，直接叙写出在谢夫人堂宴饮时的特别感觉，突出地描写盛夏六月的酷热，而这里却是另一个绝对清凉爽快的世界，从一个侧面反映出达官显贵家中奢华的生活和舒适的环境。

朱淑真在随夫宦游中，与上层社会的众多名门贵族交游，看来只有上述几位妇女与她情趣爱好相同，所以才成为诗词文友，密切交往的知己，并给她的悲凉孤苦的人生，带来几许开怀的时刻，几分欢乐的时光。此外，朱淑真又常受亲友委托，替人迎来送往，或代为填词赠送，或与之作诗酬唱，又或为画幅题辞，又或留言勉励等等。今在朱淑真诗词中尚存的，就有《送人赴试礼部》、《代送人赴召司农》、《代谢人见惠墨竹》、《答求谱》等诗，留下了朱淑真当年在上流社会中交往的一些真实的记录。

他乡登临，赋作新诗

朱淑真随夫宦游，经常来往于“吴、越、荆、楚间”，又与许多达官贵人、贤淑仕女在官场上交际，在府邸中应酬，对所到之处的风景名胜、文物古迹，或豪宅广厦，常常颇多感触，便形诸笔墨，凝聚成诗词。在这些诗词中，朱淑真或抒写对家国的关怀、民生的爱护，或感叹人事的莫测，身世的遭遇，也从中表达自己的胸襟抱负和情趣志向，坦露出一颗悲苦而不屈的灵魂。

朱淑真跟随丈夫在扬州任所时，对当地名胜“四并堂”和“斗野亭”颇有兴趣，于是便择日登临，赋诗纪念。她的《题四并楼》诗云：

华榜危楼岂浪名，人间四者此环并。
日知光景无虚度，时觉清风满座生。
庾亮据床谈兴逸，仲宣倚槛客愁轻。
眼前此乐难兼得，许我登临载酒行。

诗中所说的四并楼，即四并堂。据祝穆《方舆胜览》卷四十四《淮东路·扬州》称：“四并堂，韩忠献公建于郡圃。”《明一统志》亦云：“扬州府城内有四并堂，宋韩琦建。”四并楼（堂）今已不存。至于“四并”含义，有两种说法。《明一统志》说，该堂“取美景、良辰、赏心、乐事四者难并之义”。《文选》谢灵运《拟魏太子邺中集诗序》亦云：“天下良辰、美景、赏心、乐事，四者难并。”大约“良辰”是指美好的时光，“美景”则指宜人的景色；“赏心”是说令人心意欢畅，而“乐事”说的是快乐的事。

但《文选》中《答卢谌书》一篇，又有“四美不臻”句，据李善注云：“四美者，音、味、文、言也。”意指美妙的音乐、可口的珍馐、华丽的文章、高雅的言论。因此，“四并”又有“四难”或“四美”之称。朱淑真《题四并楼》诗对这“四难”与“四美”作出取舍融会，赋予新义，然后围绕这四并的新义进行描写，抒发赞美之情。

诗里说，“四并楼”高耸入云，悬挂的匾额雕饰精美，其题名决非夸大，人世间的四种美好事物，此楼都一并拥有了。游人只要登楼眺望，就会感受到良辰美景，觉得岁月并不虚度了，特别是清风时时吹来，满室凉爽，更令人身心舒适愉快。东晋人庾亮权重位高，在武昌时曾与僚吏登南楼赏月，吟咏纵谈，十分惬意。三国魏人王粲（仲宣）是建安七子之一，博学多识，才思敏捷，却未遇明主；他曾登江陵楼作《登楼赋》，抒写满腔愁情。

但他若活到今天来登四并楼，就会胸怀舒畅，减轻客愁了。既然四美兼有的地方无比难得，那么就让我带上美酒，登上高楼，尽情地快乐快乐吧！朱淑真婚后一直愁苦不堪，很少有像本诗所描述的那样，借登楼揽胜而如此心怀舒畅，亦可见四并楼的“四美”确实令人心旷神怡。名不虚传。

朱淑真在扬州登临“四并楼”之外，也曾游览“斗野亭”。据《明一统志》称：“斗野亭在扬州府治，宋熙宁（神宗年号）二年建，苏轼、秦观、孙觉、黄庭坚、米芾皆有题咏。”祝穆的《方舆胜览》卷四十四《淮东路·扬州》亦载：“斗野亭，东坡、秦观、孙觉、黄庭坚、苏子由、米芾皆有诗。”朱淑真游罢“斗野亭”，亦作《题斗野亭》诗一首，诗云：

高亭忽登览，豁尔思无穷。
访古多遗迹，留题有巨公。
地分吴楚界，人在斗牛中。
不是乘槎客，那知此路通。

意思是说，斗野亭高高耸立，我忽然间登到了上面，放眼眺望，气势开阔，令人回味无穷。古人在这里留下了如此之多的遗迹，全部都是名家巨匠题写的诗篇。而从地域来说，这里又是春秋时代吴国和楚国的分界之处，我所站立的地方，正好处在属于斗牛星位置的吴国土地。神话传说从海边乘坐木筏可以到达天河，看到牛郎与织女，同样，若不是登临斗野亭，又怎能领略这无限的风光与胜景呢！朱淑真写登临的景象，气势辽阔，境界高远，足以表现其眼光与胸襟的非凡。

朱淑真与许多达官贵人交往，时常受到他们的女眷邀请，到他们的豪华官邸、高门大院去作嘉宾贵客，因而见识过无数华丽宏伟的建筑，但这些建筑大多数只不过显示主人的高贵身份和荣华富贵的气派而已，然而她所见到的一间余氏攀鳞轩，则完全不同。所谓攀鳞，即攀龙，用以比喻依附帝王以建立功业；提名“攀鳞轩”，即表明主人的远大志向。而此建筑的主人余氏，大概亦是朱淑真常常与之交往的朋友，因此她有很深的感触，写下了《余氏攀鳞轩》一诗。诗曰：

潇洒新轩傍琴岑，攀鳞勃勃此潜心。
易惊谁羡叶公室，入梦当为傅说霖。
变化一声雷霆远，腾凌千里海波深。
卧庐曾比崇高志，肯忆当时梁父吟。

诗人的意思是说，一间玲珑别致的新轩依傍着琴岑而建，显示出雄心勃勃的攀龙意志。这绝非是叶公好龙式的表面标榜，而是立志要成为济世之材。龙声如雷霆，腾跃数千里，攀龙轩气势磅礴，表现出主人远大的志向、宽广的胸怀；正如诸葛亮以卧庐隐居乡间一样，轩主深藏大志，必将是一位了不起的人物。朱淑真借攀鳞轩的建筑，赞扬轩主的超凡出众，实在是抒发诗人自己的崇高志向、远大胸怀，隐含着一股积极进取、伺机而动的奋斗精神。也说明朱淑真尽管对不幸的婚姻百般无奈，深感痛楚，但她对人生理想的追求并未泯灭，凭着她超群出众的才华、广博精深的知识，完全可以作出一番光辉的事业。可惜封建社会限制了她的才华，不给她有个一试锋芒的出头机会，再加上她错嫁了一个粗鄙庸俗的官吏，终于葬送了她一生美好的前途。

朱淑真由自己的际遇引发出对大自然奥秘与人生真谛的探索。有一次她登临月台，就把这种对宇宙人间的愁思，抒写得十分感人。她在《月台》一诗中写道：

下视红尘意眇然，翠阑十二出云颠。
纵眸愈觉心宽大，碧落无垠绕地圆。

诗中说，登上高高的赏月平台，俯视下面，尽见市井热闹的景象。在这滚滚红尘之中，也有诸多的富贵之家的女子，她们身居雕楼飞阁，享尽荣华富贵，可是又有谁知道她们有多少的悲欢离合，有多少的愁怨与哀思？纵目远望，思绪随着无垠的苍穹驰骋，顿觉天高地广，宇宙无穷，心境也变得十分的宽畅开朗，一切忧愁烦恼，全都抛给了茫茫的尘世。朱淑真借登临的感受，以居高临下之势，冷眼旁观人世的俗情，抒发自己心意高远、超凡脱俗的情怀，并且将之与无限的宇宙交融，表现出她对人生真谛的深邃思索。

人生有限，宇宙无穷，但生命之树长青不朽，这是朱淑真在探索人生真谛时表现的另一个主题。有一次，她清明出游宴饮，写下了一首很有哲理意味的诗篇：《清明游饮少湖庄》诗曰：

清明玩赏正繁华，今日林梢落尽花。
人散酒阑春已去，一泓初涨满池蛙。

诗中说，清明那天到少湖庄参观游览，繁华胜景很多，只是树梢上的各种花枝花瓣全部落光了。而饮宴结束以后，人们也早已散去，好像他们连春光也带走了一样，周围一片凄清与寂寞，忽然间看见那昔日干涸的池塘，已涨满了一湖清波，大小的青蛙正在又跳又闹呢！朱淑真通过出游与宴饮的印象与感受，叙写大自然由盛到衰，而人事的变幻也由聚到散，连春光也似乎去尽了，心中不免涌上一片淡淡的哀愁，可是诗人笔锋一转，池塘碧水，蛙声喧闹，四周又充满了生气，这不正显示着宇宙无穷，生命也延续不断吗？诗人描写的这盛衰交替、荣枯转换，生生不息，正道出了大自然的规律、生命的奥秘，那么还有什么哀愁和烦恼不能抛开呢？朱淑真像是在这池水蛙声的惊喜中，强令自己宽怀对待人生了。

诗词赏析

《谒金门·春半》

春已半，触目此情无限。十二栏干倚遍，愁来天不管。

好是风和日暖，输与莺莺燕燕。满院落花帘不卷，断肠芳草远。

上片写仲春时节，眼前景色，触目生愁。虽“十二栏干倚遍”，也无法排遣春愁。下片写闺中人在这风和日暖的大好春光中，想起了自己所怀念的人，不禁愁绪万端，感到还不如成双成对的鸟儿，因此不愿再看见满院落花和断肠芳草。通篇哀婉细腻，愁思无限。

开端两句：“春已半，触目此情无限”，通过女主人公的视觉和对暮春景象的感受，道出了她的无限伤感之情。“此情”究竟指的是什么？这里并未明说，从词的下文及作者婚事不遂意来看，是思佳偶不得，精神孤独苦闷；是惜春伤怀，叹年华消逝。“无限”二字，有两层意思：一是说明作者此时忧郁心情的浓重，大好春色处处都触发她的忧思；二是表明作者的隐忧永无消除之日，有如“一江春水向东流”之势。

作者用行为描写形象地表现了她的愁绪：“十二阑干闲倚遍，愁来天不管。”古词曾有“倚遍阑干十二楼”之句与此近似。此句写女主人公愁怀难遣、百无聊赖、无所栖息的情态。“遍”字，写出呆留时间之长。“闲”字，看来显得轻松，实则用意深重，这正表现了作者终日无逅、时时被愁情困锁不得稍脱的心境。她因无法排遣愁绪，只得发出“愁来天不管”的怨恨。此句写得新颖奇特，天，本无知觉，无感情，不管人事。

剥削阶级社会的女子不能自主自己的婚事，常常怨天尤人。《诗·鄘风·柏舟》的“母也天只！不谅人只！”写的是一个女子爱上一个青年，她的母亲却强迫她给另一个人，她誓死不肯，呼娘唤天，希望能谅察她的心。朱淑真心中虽也有恋人，但她却不能违背“父母之命，媒妁之言”，不得不嫁给一个庸俗之徒，故她痛苦的感情比《柏舟》中那个女子更强烈、更深沉。

下片，具体写对自然景物的感喟。“好是风和日暖，输与莺莺燕燕。”大好春光，风和日暖，本应为成双佳人享受，可是自己因孤寂忧伤而无心赏玩，全都白白地送给了莺燕，这既表现出对莺燕的羡妒，又仅映了现实的残酷无情。说得何等凄苦！莺莺、燕燕，双字叠用，并非是为了凑成双数，而是暗示它们成双成对，以反衬自己单身只影，人不如鸟，委婉曲折地表现孤栖之情，含蓄而深邃。作者在诗集《恨春五首》之二里写道：“莺莺燕燕休相笑，试与单栖各自知！”造语虽异，立意却相同。

末两句进一步表现作者的情思：“满院落花帘不卷，断肠芳草远。”它不但与开头两句相照应，而且隐曲地透露了她愁怨的根源。她在诗中说：“故人何处草空碧，撩乱寸心天一涯。”（《暮春有感》）“断肠芳草连天碧，春不归来梦不通。”（《晚春有感》）由相比可知，她所思念的人在漫天芳草的远方，相思而又不得相聚，故为之“断肠”。全词至此结束，言有尽而意无穷，读来情思缱绻，荡气回肠，在我们脑海里留下一个凝眸远方、忧伤不能自己的思妇形象。这与晏殊的“当时轻别意中人，山长水远知何处”（《踏莎行》）、李清照的“人何处，连天芳草，望断归来路”（《点绛唇》），词意相同，但朱淑真写得隐晦，而晏、李说得明朗，敢直言“意中人”、“人何处”，这是因为晏殊不受封建礼教的束缚，李清照思念丈夫为人情所不能非议，故他们没有顾忌。而朱淑真婚后思念情人则被视为非法，故难以明言。

《减字木兰花》

独行独坐，独唱独酬还独卧。
伫立伤神，无奈轻寒著摸人。
此情谁见，泪洗残妆无一半。
愁病相仍，剔尽寒灯梦不成。

朱淑真婚后抑郁寡欢，故诗词中“多忧愁怨恨之语”。相传她出身富贵之家，至于她的丈夫是什么样的人，其说不一。有的说她“嫁为市井民家妻”，有的说她的丈夫曾应礼部试，后又官江南，但朱与他感情不合。不管何种说法可信，有一点是相同的：即她所嫁非偶，婚后很不幸福。就所反映的内容看，这首词与她婚姻上的不同有密切关系。

“独行独坐，独倡独酬还独卧”两句，连用五个“独”字，充分表现出她的孤独与寂寞，似乎“独”字贯穿在她的一切活动中。

特别是“无奈轻寒著摸人”一句，写出了女词人对季节的敏感。“轻寒”二字，正扣题目“春怨”二字的“春”字，全词无一语及春，惟从“轻寒”二字，透露出春天的信息。“著摸”一词，宋人诗词中屡见，有撩拨、沾惹之意。如孔平仲《怀蓬莱阁》诗：“深林鸟语流连客，野径花香着莫人。”杨万里《和王司法雨中惠诗》诗：“无那春愁着莫人，风颠雨急更黄昏”。“著摸”即“着莫”，朱淑真词与杨万里诗用法完全相同。轻寒为什么撩惹春愁，失去爱情幸福的女词人深有体会；寡居的李清照感到“乍暖还寒时候，最难将息”（《声声慢》）。

下片进一步抒写女词人愁怨。“此情谁见”四字，承上启下，一语双兼，“此情”，既指上片的孤独伤情，又兼指下文的“泪洗残妆无一半”写出了女词人以泪洗面的愁苦。

这首词语言自然婉转，通俗流丽，篇幅虽短，波澜颇多。上片以五个“独”字，写出了女词人因内心孤闷难遣而导致的焦灼无宁、百无一可的情状，全是动态的描写。“伫立伤神”两句，转向写静态的感觉，但意脉是相承的。下片用特写镜头摄取了两幅生动而逼真的图画：一幅是泪流满面的少妇，眼泪洗去了脸上大半的脂粉；另一幅是她面对寒夜孤灯，耿耿不寐。“剔尽寒灯”的落脚点不在“剔”字（剪剔灯心的动作），而在“尽”字。“尽”字是体现时间的。所谓“梦又不成灯又烬”（欧阳修《玉楼春》），显然是彻夜无眠。对于孤凄愁病的闺中人，只写这一泪、这一夜的悲苦，其他日子里也是完全可以想象的。

《蝶恋花》

楼外垂杨千万缕。欲系青春，少住春还去。独自风前飘柳絮。随春且看归何处。

绿满山川闻杜宇。便做无情，莫也愁人苦。把酒送春春不语。黄昏却下潇潇雨。

上片抒发对春的眷恋之情。楼外的杨柳垂下千万缕柳丝，想把春天系住，可是尽管杨柳多情，春也无意“少住”。柳絮随风，春归何处？下片描绘暮春景致，抒发伤春感怀。绿满山川，杜宇声声，潇潇暮雨，春将归去，令人不胜眷恋。全词意境清幽，抒情委婉，悱恻缠绵，深沉含蓄。

暮在景色不外具柳絮纷飞，杜鹃哀鸣，暮雨淅沥，抒发的不过是作者的惋惜之情。然而，女词人朱淑真却通过丰富的想象力和贴切的拟人手法，将暮春景色表现得委婉多姿、细腻动人，在宋代诸多惜春之作中，显出它自己独有的艺术特色。

“楼外垂杨千万缕，欲系青春，少住春还去”三句，描绘了垂杨的绿姿。这种“万条垂下绿丝绦”（贺知章《咏柳》）的景色，对于阴历二月，是最为典型的。上引贺诗中即有“不知细叶谁裁出，二月春风似剪刀”之句。

它不同于“浓如烟草淡如金”的新柳（明人杨基《咏新柳》），也有别于“风吹无一叶”的衰柳（宋人翁灵舒《咏衰柳》）。为什么借它来表现惜春之情呢？主要利用那柔细如丝缕的枝条的构造成似乎可以系留着事物的联象。“少住春还去”，在作者的想象中，那打算系住春天的柳条没有达到目的，它只把春天从二月拖到三月末，春天经过短暂的逗留，还是决然离去了。

“犹自风前飘柳，所以诗人们说：“飞絮著人春共老”（范成大《暮春上塘道中》）、“飞絮送春归”“随春且看归何处”两句，对暮春景物作了进一层的描写。柳絮是暮春最鲜明的特征之一朝中措。他们都把飞絮同残春联系在一起。朱淑真却独出心裁，把天空随风飘舞的柳絮，描写为似乎要尾随春天归去，去探看春的去处，把它找回来，像黄庭坚在词中透露的：“若有人知春去处，唤取归来同住”（《清平乐》）。比起简单写成“飞絮”“送春归”或“著人春意老”来，朱淑真这种“随春”的写法，就显得更有迂曲之趣。句中用“犹自”把“系春”同“随春”联系起来，造成了似乎是垂杨为了留春，“一计不成，又生一计”的艺术效果。

“绿满山川闻杜宇，便做无情，莫也愁人苦”，春残时节，花落草长，山野一片碧绿。远望着这暮春的山野，听到传来的杜鹃鸟的凄厉叫声，词人在想：杜鹃即使（便做）无情，也为“春去”而愁苦，因而发出同情的哀鸣，词人通过这摇曳生姿的一笔，借杜宇点出人意的愁苦，这就把上片中处于“暮后”的主人公引向台前。在上片，仅仅从“楼外”两个字，感觉到她的楼内张望；从“系春”“随春”，意识到是她在驰骋想象，主人公的惜春之情完全是靠垂杨和柳絮表现出来的。现在则由侧面烘托转向正面描写。

系春既不可能，随春又无结果，主人公看到的只是暮春的碧野，听到的又是宣告春去的鸟鸣，于是她只好无可奈何地“送春”了。

阴历三月末是春天最后离去的日子，古人常常在这时把酒举杯，以示送春。唐末诗人韩偓《春尽日》诗有“把酒送春惆怅在，年年三月病恹恹”之句。朱淑真按照旧俗依依不舍地“送春”，而春却没有回答。她看到的只是在黄昏中忽然下起的潇潇细雨。作者用一个“却”字，把“雨”变成了对春的送行。这写法同王灼的“试来把酒留春住，问春无语，帘卷西山雨”（《点绛唇》）相似，不过把暮雨同送春紧密相连，更耐人寻味：这雨是春漠然而去的步履声呢，还是春不得不去而洒下的惜别之泪呢？

这首词同黄庭坚的《清平乐》都将春拟人，抒惜春情怀，但写法上各有千秋。黄词从追访消逝的春光着笔，朱词从借垂柳系春、飞絮随春到主人公送春，通过有层次的心理变化揭示主题。相比之下，黄词更加空灵、爽丽，朱词则较多寄情于残春的景色，带有凄忧的情味，这大概和她的身世有关。

第四章 无奈别离，凄惨悲壮的冤魂

有人给朱淑真的诗集作序，说她“嫁为市井民妻”，当根据考证，她的丈夫应该不是普通市民，而是一个小官吏。朱淑真所不满于他的，并不是无财无势，而是才学不能相称，心灵无法沟通。婚后不久，她便因失望而发出了这样的抱怨：“鸥鹭鸳鸯作一池，须知羽翼不相依。东君不与花为主，何以休生连理枝？”

梦里寻他，悲愁哀怨

朱淑真不再跟随丈夫宦游，独自回到杭州，住在父母家里，就像逃离了虎口，回到了亲人的怀抱，感到十分的庆幸，十分的欢欣。但是，另一方面她又陷进更大的失落感之中，心理无法得到平衡。在古代封建社会，女儿出嫁就永远是夫家的人了，尽管朱淑真回到娘家，父母兄嫂都对她十分关照，然而这毕竟不是往日做女儿时完全属于自己的那个“家”了。她离开了自己的丈夫，回到娘家只能是“暂住”或“寄住”，因此，她就更加痛恨丈夫的粗俗、卑鄙与无耻，憎恶丈夫的妾氏娇宠霸道。本来是朱淑真“弃”丈夫而回娘家的，但实际上却像是被丈夫遗弃了似的，这怎叫她不恨中加恨呢！所以，她的孤独寂寞、悲愁哀怨并没有因为离开了她所怨恨的丈夫而有丝毫的减轻。

朱淑真一向身体娇弱，恼人的婚姻更使她愁病交加，体质日渐虚弱。这次长途跋涉回到杭州，已经疲惫不堪，对着暮春的景象，又生出许多的哀愁。她的《生查子·寒食不多时》写道：

寒食不多时，几日东风恶。
无绪倦寻芳，闲却秋千索。
玉减翠裙交，病怯罗衣薄。
不忍卷帘看，寂寞梨花落。

寒食节刚过不久，就连续吹了几天的东风。朱淑真却没有心思去春游，庭园里的秋千也都空闲着没人动用。看着自己愁病的身子，已经瘦损得弱不胜衣了，如此的可怜，哪里还会忍心卷上珠帘去看那孤寂的梨花，在凄凉地飘落！朱淑真实际上是看到那飘落的梨花，而感叹自己婚姻的不幸，青春年华快要逝去，所以更加感到孤单和哀愁。

几天后。朱淑真正在午睡，忽然被一阵鸟声惊醒，她望着雨雾缭绕的楼阁，又勾起无限的愁思。她写下了《眼儿媚·迟迟风日弄轻柔》一词。词曰：

迟迟风日弄轻柔，花径暗香流。清明过了，不堪回首，云锁朱楼。午窗睡起莺声巧，何处唤春愁？绿杨影里，海棠亭畔，红杏梢头。

春天的白昼慢慢变长了，阳光明媚，和风轻轻地抚弄着娇嫩的柳枝，幽清的小径上，飘满了鲜花的芳香。清明已经过了。云雾缭绕在华丽的楼阁上面，往事不堪回首，令人感慨万千。午睡醒来，听到一阵阵轻巧婉转的莺声，唤起了她无限的春愁。可是这春愁在哪里呢？啊，那碧绿的垂杨，那海棠亭畔，那红杏枝头，到处都是鲜艳明丽的景色，反而令朱淑真更添哀愁。

朱淑真住回以前未嫁时住惯了的楼阁，勾引起种种的往事，令她悲伤不已，连那明媚的春光，艳丽的春景，都更加惹起她的伤心。这不堪回首的往事是什么？她没有明说，因为那感情实在太复杂，又太隐私，既有不幸的婚姻带来的烦闷、悲苦、怨恨与愤怒，又有未嫁时在这个旧家与情人相恋、幽会以及被逼拆散的种种甜蜜与痛苦的回忆，可谓酸甜苦辣、百感交集，难怪她欲说难言、不堪回首了。

这种复杂的愁苦情怀常常缠绕着她，几乎把她弄得整日心神不定。

她的《鹧鸪天·独倚阑干昼日长》里说：

独倚阑干昼日长，当此际，意偏长。
满路桃花春水香，幸有荼蘼与海棠。
千钟尚欲偕春醉，一天飞絮东风恶。
纷纷蜂蝶斗轻狂，萋萋芳草傍池塘。

词意是说，春天的白昼漫长，我孤独地倚靠在栏杆上，看着无数的蜂蝶在飞舞，它们竟然成双成对，举止轻狂。一整天刮着无情的东风，吹得柳絮纷飞，桃花满地，连那溪水里也飘动着花香。在这春色迷人的时刻，我的心头偏偏充满了无比的感伤；那池塘边上的萋萋芳草，更惹人心烦意乱。幸好还有荼蘼酒和海棠酒，就让我饮上千杯与春光同醉吧，也好消解我的苦闷与悲愁。朱淑真因为孤独苦闷，无人陪伴，既迁怒于蜂蝶的双飞，又恼怒于春风的劲吹，还被芳草撩愁，其悲苦真是不堪言传，只有借酒浇愁、麻醉自己了。

朱淑真是个感情丰富、思想敏锐的人，她随时随地都会触发顾影自怜、感怀身世的愁绪。一天，她见到桃花开了，燕子欢快地飞过，便触景伤情，写下《浣溪纱·露井夭桃吐绛英》一词：

露井夭桃吐绛英，曲房朱户闷长扃。
小院湘帘闲不卷，风和烟暖燕巢成。
春衣初试薄罗轻，恼人光景又清明。

井边的红桃开出了艳丽的花朵，刚刚换上春装便觉得十分轻松爽快，小燕子在风和日暖时也已筑好了爱巢。但是院里的帘幕依然低垂，红色的大门也还是紧闭着，长廊曲折而又幽深，全都令人感到异常的烦闷；可恨春光消逝得如此迅速，不觉又到了清明时节。朱淑真面对时光的流逝，看着燕子双双筑巢，便哀叹自己年华渐逝而爱巢难筑的愁闷了。

但是对于爱的渴求，朱淑真非但没有放弃，而且始终执着地进行追求。在春夏之交，她写下了《清平乐·风光紧急》：

风光紧急，三月俄三十。拟欲留连计无及，绿野烟愁露泣。倩谁寄语春宵，城头画鼓轻敲。缱绻临岐嘱咐，来年早到梅梢。

时间过得飞快，不觉又到了春季的最后一天。本想挽留春光，但是已经来不及了；暮霭愁苦，晨露哭泣，田野上早已换上了一片葱绿的夏季景色。有谁能够捎个口信报给春夜，请城头上报时的更鼓敲得轻慢一些，让人们再多几分留恋春季的时间。既然春景留不住，唯有希望明年春天早些来到人间。朱淑真借写春光已逝，烟愁露泣，实际是悲叹自己爱情无着，青春虚度，因而心中无比的愁闷以至默默地哭泣。但是她不气馁，不自弃，而是设法努力争取，她相信将来一定会有“春”的回报。此处的“倩谁寄语春宵”，或许已经透露出朱淑真打听到了当年她与之相亲相恋的情人的消息了，所以她急切希望明年春天早早到来。

然而时光流逝，直到是年秋冬，仍然未见情人的到来，朱淑真依旧过着寂寂无爱的孤苦日子。她的《菩萨蛮·山亭水榭秋方半》说道：

山亭水榭秋方半，凤帏寂寞无人伴。愁闷一番新，双蛾只旧颦。起来临绣户，时有疏萤度。多谢月相怜，今宵不忍圆。

山间的凉亭和水边的亭阁映衬着秋日，季节已经过去了一半，但是我独处闺房，依然寂寞无人相伴。旧愁未去，新恨又来，我的一双蛾眉只得依旧终日紧蹙，没有过快乐的时光。一个人夜里无法入睡，起来临窗仰望天空，恰巧今夜也是月缺不圆，似乎连月亮也怜悯我的孤栖，不忍心独自圆全，以免触动我的伤心。朱淑真词中说自己的愁闷，用了一个“新”字和一个“旧”字，说明其愁情之深与久，并且与日俱增，充满了凄凉与幽怨的情调。

朱淑真寄住在娘家，感到孤栖寂寞、愁苦万分，因此就更怨恨自己的丈夫，而同时也愈益怀念昔日的恋人，希望尽快探明他的消息，以续旧情。她在秋天作的《菩萨蛮·秋声乍起梧桐落》里，就急切地希望能够早日重续残梦：

秋声乍起梧桐落，蛩吟唧唧添萧索。欹枕背灯眠，月和残梦圆。起来钩翠箔，何处寒砧作。重倚小阑干，逼人风露寒。

秋风忽然吹起，梧桐纷纷飘下落叶，蟋蟀的唧唧叫声更加增添了秋天的萧索。背向油灯倚枕而眠，希望重续旧梦，和月色一样完美无缺。可是翻来覆去睡不着呀，只得起来挂起翠绿色的帘子，却又不知从何处传来了寒夜捣衣的砧声。实在无可奈何，我又再一次斜靠在阑干上面，也顾不得夜晚逼人的寒风与冰凉的雨露。朱淑真心绪的悲凉和渴求重续旧缘，通过秋景的萧索和秋夜的凄清。极为鲜明地表现了出来。

秋末一过，严冬又随之而来。朱淑真打听昔日恋人的消息，时隐时现，她的情绪也时起时落，沉浮不定。但是毕竟开始有了些少的讯息，给她带来几分的喜悦。她的《点绛唇·风劲云浓》写道：

风劲云浓，暮寒无奈侵罗幕。髻鬟斜掠，呵手梅妆薄。

少饮清欢，银烛花频落。恁萧索，春工已觉，点破梅香萼。

凛冽的北风猛吹，团团的冬云骤然聚结，寒气侵袭闺帏，冰冷透骨。因为天气严寒，要不断呵手擦掌，因此无法扮出靓丽的梅花妆，只好让发髻斜斜地掠在一边。这些日子，我一直都是不思饮食，郁郁寡欢，常常无聊地看着烛花频频掉落。不过严冬尽管寒冷萧索，但是梅蕊已经绽开，报告着春天快要到来的讯息。朱淑真用“烛花频落”预兆着喜讯将要降临，而“春工已觉”，则透露出美好的愿望和春天将临的喜悦，实际上是朱淑真在表示，她很有可能和昔日恋人再续情缘了。

恋人的消息渐渐明朗了，朱淑真的思念和感伤也逐渐加深，她期望着与恋人再次相会，但是又觉得两人多年不见，相隔遥远，因此又不禁落泪，暗自嘘唏。她的《点绛唇·黄鸟嘤嘤》写道：

黄鸟嘤嘤，晓来却听丁丁木。芳心已逐，泪眼倾珠斛。

见自无心，更调离情曲。鸳帏独望休穷目，回首溪山绿。

词中说，天刚破晓，黄鸟就嘤嘤地鸣叫，远处还传来丁丁的伐木声音。我的一颗不安的心儿呀，也随着鸟声飞向远方，眼泪就像珍珠一样簌簌地滚落下来。没有心情赏景，拨弄琴弦又偏偏奏出离情别绪的忧伤怨曲。我独守鸳帏，思念他已经到了望眼欲穿的地步，等到回头看时，溪水碧蓝，山岭葱绿，已过了暮春时节，真不知要等到何年何月！朱淑真的哀怨与感伤之情，如泣如诉，历历在目。

朱淑真的心情郁结，家人有时就陪同她外出散心，但她仍然难于排遣那不绝如缕的忧思。她的《西江月·办取舞裙歌扇》写道：

办取舞裙歌扇，当春只怕春寒。卷帘无语对南山，已觉绿深红浅。

去去惜花心懒，踏青闲步江干。恰如飞鸟倦知还。澹荡梨花深院。

准备好了出游的舞裙歌扇，但是又怕春天仍有春寒袭人。卷起窗帘默默无语看着远处的南山，这才惊觉已经到了绿深红浅的暮春时节。春光既已逝去，惜花的心情便郁结起来，郊游踏青就成了闲步江边。不觉越走越远，直到累了才回到开满梨花的深院之中，这正如鸟儿倦了便飞回巢穴一样。朱淑真已经没有了真正属于自己的“家”，她只有把父母和兄嫂的家，作为自己感情生活失意的庇护所了，把父母和兄嫂作为自己痛苦与悲伤的抚慰人，从这里再次开创自己的新生活。

浪漫痴恋，思念已久

朱淑真寻找的昔日恋人，终于在春节期间，以来杭州探亲为名，前来与朱淑真相会。这个朱淑真思念已久、以前感情很深的意中人，当他再次出现在朱淑真面前时，朱淑真悲喜交加，复杂的思绪难于言状，一时几乎说不出话来。当初这对恩爱的恋人被逼分手。如今已过了六七年之久，一切都物是人非了。男方或许因为伤心过度，或许仍在等待朱淑真，所以这些年一直都没有成家；但朱淑真则不同了，她虽然与丈夫始终不和，现在又离开丈夫而回娘家独居，但毕竟是个有夫之妇了！那么，他们彼此还能像当年那样热烈痴恋吗？能够承受得了礼教的摧残、社会的压力、愚众的歧视吗？

从朱淑真个人来说，无论是礼教制度，还是社会和家庭，给予她的束缚实在是太多了，但是朱淑真偏偏又是一个追求个性解放、反叛礼教压迫、争取合理人生的坚强女性。她希望能有自由与舒心的生活，她对自己原先选择的配偶，对两人纯真的爱情，始终是专一无二的，并且不惜为此付出任何的牺牲和代价。因此，朱淑真虽然被逼嫁与庸俗官吏，但她对昔日恋人仍然一往深情，时常思念对方和设法探寻他的消息；现在朱淑真已经25岁。独居娘家，她和恋人久别重逢，正是朱淑真渴望已久的再续旧情的机会。至于男方，自从得知朱淑真婚后的种种不幸，也正抱着极大的同情，路远迢迢地赶来要给予她慰藉与关爱。于是两人又再次开始了心心相印的爱恋。

当时杭州是偏安一隅的南宋王朝的京城，经济发达，商业繁荣，十里长街，车水马龙，一派兴旺的景象。朱淑真和情人见面不久，便相伴出行，徜徉在这歌舞升平的不夜城中。她的《闲步》一诗里记载：

天街平贴静无尘，灯火春摇不夜城。
乍得好凉宜散步，朦胧新月弄疏明。

皇城的街道宽阔平坦，并且打扫得十分干净，春夜的灯火五光十色，把全城照耀得如同白昼。恰巧遇到一个清爽凉快的傍晚，非常适合散步，只见新月散发出朦胧的光辉，稀稀疏疏的照出了他们成双的倩影，充满了浓浓的诗意。在此，朱淑真抒发了一种找回了真爱的幸福的情感。

整个新春期间，朱淑真几乎天天和情人见面，共同度过许多愉快的时光。朱淑真的《忆秦娥·正月初六夜月》写道：

弯弯曲，新年新月钩寒玉。钩寒玉，凤鞋儿小，翠眉儿蹙，闹娥雪柳添妆束，烛龙火树争驰逐。争驰逐，元宵三五，不如初六。

冬夜的新月弯弯曲曲，像一钩清凉的寒玉。这弯钩的寒玉，像新娘的绣鞋小巧玲珑，像少女的柳眉秀丽明亮。妇女们都穿上漂亮的彩服，戴上各种花草编织的头饰，涌到街上互相庆祝，男人们则举着长长的烛龙进行文娱表演，与辉煌的灯火竞相追逐。这追逐，热闹非凡，欢乐无比，看得人们留连忘返，怪不得人们都说，正月十五元宵节，比不上初六月夜的可爱和有趣。

其实到了元宵节时，朱淑真和情人也随着节日的欢乐气氛，把两人的恋情发展到难分难舍的程度。朱淑真的《元夜三首》，就生动地描述了他们参与节日活动的难忘经历。其一写道：

阑月笼春霁色澄，深沉帘幞管弦清。
争豪竞侈连仙馆，坠翠遗珠满帝城。
一片笑声连鼓吹，六街灯火丽升平。
归来禁漏逾三四，窗上梅花瘦影横。

雨后的元宵之夜，天地澄明，万物都笼罩在美好的月华之中，从高门深院的大户人家，传出了清脆悠扬的音乐。有钱人争豪斗富，互相攀比，他们华丽的住宅高耸入云，仿佛连接着天上的仙馆；贵妇们穿戴着珍珠玉翠，在拥挤的人群中，常常散落满地。各种鼓乐吹打的声音和人们的欢声笑语连成一片，满城的灯火如同白昼，到处都是热烈的气氛和升平的景象！他们沉醉在无比的欢乐之中，忘记了时间的流逝，以致赏灯归来已近五更时分，窗上的梅枝也开出了许多花朵，其香扑鼻。啊，春天确实来到了人间！朱淑真将帝城的繁华、节日的热闹以及与情人一起赏灯游览的快乐，都尽情抒写出来了。尤其是与情人在一起，乐而忘返，他们恋爱的春天确实又回来了。

《元夜三首》的其二又说：

压尘小雨润生寒，云影澄鲜月正圆。
十里绮罗春富贵，千门灯火夜婵娟。
香街宝马嘶琼辔，辇路轻舆响翠轿。
高挂危帘凝望处，分明星斗下晴天。

一场小雨，荡涤凡尘，天气微生凉意，元宵之夜碧空澄明，圆圆的月亮放射出银色的光辉。十里长街上人们衣着华丽，尽显富贵气派；千家万户点亮的彩灯把夜景妆扮得像是婵娟下凡、明珠闪耀。宽畅的大街上车轮滚滚，人欢马叫，轻便的马车与豪华艳丽的宝车前挤后拥，接连驶过，一派繁华热闹的景象。他们一齐摧起高楼上的窗帏，俯视全城，那无数的灯火恰似天上的繁星落满人间！朱淑真为这元宵夜景所陶醉，与情人一起尽情观赏，指点谈笑，神采飞扬。

接着在《元夜三首》的最后一首里，朱淑真更是直接写出她和情人在这热闹欢乐的元宵之夜，两人情意绵绵，难分难舍的情景：

火烛银花触目红，揭天鼓吹闹春风。
新欢入手愁忙里，旧事惊心忆梦中。
但愿暂成人缱绻，不妨常任月朦胧。
赏灯那得工夫醉，未必明年此会同。

在诗中，朱淑真大胆地说，元宵之夜的灯火分外红艳，音乐锣鼓响彻云天。今夜我与昔日的情人相会，在哀愁里又重新获得了失掉多年的欢乐，真叫人又惊又喜，竟然手忙脚乱起来；一想起我们过去的许多伤心之事，就犹如噩梦一般，令人惊心不已！唯有希望这元夜的月色一直朦朦胧胧，好让我与心上人多些柔情缠绵的时刻，哪里还有时间顾得上

宋代女性文学

去赏灯和欣赏美景啊。因为谁也无法肯定明年是否还有这样甜蜜的聚会！一种惜别之情油然而生。可见朱淑真非常珍惜与情人的每次约会，她付出了热烈大胆的痴情，也得到了真诚被爱的回报，极为鲜明地表现出朱淑真对纯真爱情的执着追求。

从春节到元宵后二十多天的时间里，朱淑真的旧情人来杭州与她频频相会，两人情深意长，共同度过了许多美好的时光。但是对于热恋中的情人来说，这时间毕竟太短，时光也过得太快了，元宵过后不久，她的情人就要离开，回到他工作的地方去。那里离杭州颇远，古代交通不方便，除了乘船还要坐车，甚至还要步行一段路程，否则就要雇人抬轿了。因此，他们见面一次很不容易，要想多留些日子也不可能，只好暂时离别了。

朱淑真的情人回去了，朱淑真又再次过起孤独寂寞的日子。不过她已经和情人再度确认了相思相恋的关系，她时时思念他，渴望着下次见面的机会，幻想着他们将来美满幸福的生活。一日，她果然出现了幻觉，看见情人向她快步走来，她伸开双臂，要与他热烈地拥抱。不久，朱淑真便写下《闷书》一诗，隐隐约约地记下这个极为动情的故事：

泪粉匀开满镜愁，麝煤拂断远山秋。

一痕心寄银屏上，不见人来竹叶舟。

朱淑真说，她等待着情人到来，天天细心打扮自己，但是又不知道情人是否能够来到，因此常常忧心忡忡，结果刚刚敷到脸上的脂粉，不一会儿就被纵横交错的泪水打湿了。只好再将白粉拌着泪水重新扑上。然而对着镜子一瞧，照出的依然是一个愁容满面的憔悴妇人。没有办法，只好在眉毛眼睛上多下功夫，用描眉的麝煤把眉眼精心描绘，看上去像秋天的远山，晶莹明澈，美丽动人。于是满怀心事对着银制屏风上的绘画凝视，恍惚之间好像情人正在驾舟而来，结果还是未见人来，叫人多么的愁闷和失望啊!

朱淑真极为生动传神地抒写了自己渴望与情人相会的复杂心理过程，特别是她借用了李玫《异闻录》里的一则神话故事，巧妙地表达出自己对纯真爱情的真切追求。那个神话说：陈季卿到长安考取了进士，十年未能回家。他思乡心切，有一天他在青龙寺壁上看到一张《寰瀛图》，便在上面寻找返回江南的路线，这时有位老人从旁指导他，并从台阶上摘来一片竹叶，放到图里的渭水位置，顿时图上的渭水波涛汹涌，浮出一艘大船，陈季卿随即登船，顷刻之间便回到家中，与妻子团聚。朱淑真借用这个故事。希望自己的情人也像陈季卿那样忽然驾舟而来，所以她凝视银屏，幻想出心上人的出现。可是既不见人，也不见舟，思之愈切，失望愈深，怎不教她望眼欲穿，徒添惆怅呢!

朱淑真左等右盼，时间又快过了半年，等到夏天，她的情人才又来到杭州。他们立即相约幽会，去到花红柳绿、莺歌燕舞的湖畔，情怀缱绻，极尽欢乐。朱淑真的词《清平乐·夏日游湖》就描述了这次幽会的全过程：

恼烟撩露，留我须臾住。携手藕花湖上路，一霎黄梅细雨。娇痴不怕人猜，和衣睡倒人怀。最是分携时候，归来懒傍妆台。

词里说，在夏日多雨的季节，我早早就来到湖边与情人相会。这时的水面烟雾缭绕，花草树木都带上晶莹的露珠，景色实在迷人，我们就留下来一起游玩。我们互相手牵着手，漫步观赏满湖盛开的荷花，突然下起了漾漾的细雨。我们躲到避雨处继续互诉衷肠，我再也按捺不住爱的激情，变得百般的妩媚娇柔，也顾不得羞怯了，便倒入情人的怀抱，两人紧紧相拥，如痴如醉地尽享爱情的幸福与甜蜜。经过好久好久，看看时间不早了，我们才依依不舍地离别。热恋而离别，这是最难过和最无奈的时刻，所以回到家中便顿觉心中空荡，懒困不堪，虽然勉强坐到梳妆台前，却没有心思再去梳妆打扮了。可见，朱淑真的爱情生活不仅颇为浪漫，而且相当的直率、大胆。她不避世俗的目光，不怕流言蜚语，一任爱情的火焰燃烧，在燃烧中显示她的理想追求，实现她的人生价值。这在封建社会里，特别是在礼教森严的宋代，无疑是极为大胆的反叛行为。她的勇气和胆识，仅此一例，就足以称得上是古代奇女子了。

恩爱别离，相思痛苦

朱淑真回到杭州的头几年，虽然和情人约会不少，但是彼此分处两地，每次见面则需要情人以某种缘由来到杭州，才能实现，因此他们始终是聚少离多。这对于正在炽热痴恋、恩爱方深的情人来说，无疑要引起极度相思的痛苦。在大多数的日子里。朱淑真仍然处在异常孤独、寂寞和无限相思的哀怨之中。红叶成诗想到秋，朱淑真的《恨春五首》诗的第二首写道：

一瞬芳菲尔许时，苦无佳句纪相思。
春光正好须风雨，恩爱方深奈别离。
泪眼谢他花放抱，愁怀惟赖酒扶持。
莺莺燕燕休相笑，试与单栖各自知。

意思是说，春光十分短暂，转眼间就已经过去了，我因为不能写出美妙的诗句表达对春天的无比思念，感到深深的苦恼。春光是那样的美好，偏偏又是多风多雨；我们两人的感情正深正浓，无奈又要匆匆的离别分开。感谢他在鲜花盛开的日子里给了我无限的欢乐，但是春天一过，我们离别之后，我就只能依赖饮酒来消除烦闷了。那成双成对的鸟儿呀，请不要笑话我，如果你们也失去了心爱的伴侣，你们就会理解我现在的孤单与寂寞了。朱淑真把春天直接比喻为自己的情人，处处写出她与情人别离后深深思念的苦情。

该诗第三首又说：

病酒厌厌日正高，一声啼鸟在花梢。
惊回好梦方萌蕊，唤起新愁却破苞。
暗把后期随处记，闲将清恨倩诗嘲。
从今始信恩成怨，且与莺花作淡交。

朱淑真说，我因为愁闷喝多了酒，一觉醒来已经是日上三竿，花间传来了阵阵的鸟鸣声音。好梦刚刚开始就被惊醒，立即又唤起了无限的新愁。我时时刻刻都盼望着情人快快回来，平时就只靠写诗去抒发自己的闲愁轻恨了。以前与情人相恋，情深意浓，如今他已回去，留给自己的就只有满怀的愁怨，那么就暂且与莺燕花草作浅淡之交，聊作安慰吧！朱淑真把对情人的思念，寄托到花草雀鸟上面，极其哀婉地写出她无可奈何的愁怨情怀。

该诗的第四首又说：

迟迟花日上帘钩，尽日无人独倚楼。
蝶使蜂媒传客恨，莺梭柳线织春愁。
碧云信断惟劳梦，红叶成诗想到秋。
几许别离多少泪，不堪重省不堪流。

诗人说，春日的阳光迟迟地斜照到帘钩上面，深闺大院里整天寂静无人，我形单影只，孤独地倚靠在楼边，思念着自己的心上人。蜜蜂和蝴蝶作为媒使，传透给我许多的客恨；莺鸟飞梭，柳丝如线，织出无限的春愁。天空没有鸿雁飞过，无法给情人送去信息。只有在梦中寄托我的情思；红叶是深秋经霜染成之物，现在已是暮春，用红叶题诗传递我的思念之情也不可能了，这愁思又要连绵到秋天了。啊，往日多少离愁别恨已经不堪回首，多少相思泪水也不堪再流！

朱淑真把自己对情人的思恋抒写得十分哀婉动人，特别是她借用了“红叶题诗”的故事，真切地表达出她对理想爱情的执着追求。那个故事说，某宫女因为深闺幽怨和对爱情的渴望，在经霜变红的秋叶上题写诗句，让它随水流出宫外，恰巧被一多情文士拾获，遂生情愫，结成美满姻缘。后人便以此作为才子怨女的理想，或追求浪漫爱情的寄托。朱淑真看似随手引用了这个故事，实际上正是她的心境的真实反映。

该诗最后一首，再进一步写道：

一篆烟消系臂香，闲看书册就牙床。
莺声冉冉来深院，柳色阴阴暗画墙。
眼底落红千万点，脸边新泪两三行。
梨花细雨黄昏后，不是愁人也断肠。

朱淑真说，一曲盘香青烟缭绕，满室飘香，我斜靠在象牙雕饰的床上看书，打发着闲愁无聊的日子。黄莺的叫声从远处传到深院，杨柳的阴影遮盖着彩色的高墙。眼看着无数的落花，知道春天将要逝去了，不禁悲愁得满脸流泪。特别是黄昏再加丝丝的细雨，梨花纷纷飘落，纵使不是愁苦之人，也会感到极度的哀伤，那真是叫做肝肠寸断啊！朱淑真以春天比喻自己的情人，凄婉地抒写出情人离别后自己的种种愁苦情状，并极言自己思念情人已到了愁苦万分、肝肠寸断的地步，可见她对爱情的专一和极度的渴望。

由于很长时间未能与情人再次见面，朱淑真思念过度，感到生活失去了乐趣，终日懒慵疲惫，愁容满面，连身体也日渐瘦削。她的《恨别》一诗写道：

调朱弄粉总无心，瘦觉宽余缠臂金。
别后大拚憔悴损，思情未抵此情深。

诗人说，自从和心上人离别之后，再也没有心思去涂脂抹粉、梳妆打扮了，身体也越来越瘦弱，原来戴套的金臂圈变得宽大了许多。啊，谁会想到长久离别的痛苦竟然令我如此伤身劳神、憔悴万分。真是思念之情还比不上离愁别恨来得更加凄苦，叫人无法忍受呀！朱淑真感到与心上人离别是最为痛苦难受的事情，所以她说这是“恨别”，其满腔的愁恨与痛楚，都尽在其中了。

她的《伤别》二首中第一首也说：

览镜惊容却自嫌，逢春长是病恹恹。
吹花弄粉新来懒，惹恨供愁旧日添。
生怕子规声到耳，苦羞双燕影穿帘。
眉头眼底无他事，须信离情一味严。

诗人说，每逢春天自己总像大病一场，终日精神萎靡不振；对着镜子一瞧，发现自己容颜变得如此憔悴，一副恹恹的病态，真是既惊恐又怨恨。无奈旧愁未去又添新恨，从此再也懒得去吹花弄粉，巧妆打扮了。还有更可怕的是听到那杜鹃鸟的凄苦啼叫，一声声都令人感到刺心的悲痛；而望着双飞的燕子穿帘而过，它们是那样相亲相爱，更加勾引起自己的孤独和寂寞的痛苦，自觉羞愧得很。所有这些伤心之事，没有别的原因，全是为了一个离情的愁苦啊！

朱淑真的这个离愁，只要还未见到自己的心上人，是无法解脱的。所以她在该诗的第二首里继续写道：

双燕呢喃语画梁，劝人休恁苦思量。
逢春触处须萦恨，对景无时不断肠。
寒食梨花新月夜，黄昏杨柳旧风光。
繁华种种成愁恨，最是西楼近夕阳。

意思是说，那画梁上呢喃细语的燕子，似乎在规劝我不要再那样苦思苦想了，但是这一切都无济于事，每逢春天总是触动自己心中的无比愁恨，春光再好也会令我触景伤情，愁肠寸断。不管是寒食节梨花盛开的月明之夜，还是黄昏丽影、杨柳低垂的那些旧日风光，都会叫人愁情无比、怨恨绵绵；而最不堪忍受的是夕阳斜照西楼的时候，那里是我早年与心上人相聚的地方，睹物思人，就更加教人相思断肠了!

朱淑真在上述两首诗中，极其悲切地写出了自己与情人离别后产生的千种愁恨与万般痛苦，真是愁情似海，苦绪无边!

然而朱淑真与情人别后的无边愁苦，又不便与别人诉说，她被这种怨恨的情绪折磨得天天失眠，无法入睡，日子过得非常的凄冷悲凉。她的《冬夜不寐》写道：

推枕鸳帏不奈寒，起来霜月转阑干。
闷怀脉脉与谁说，泪滴罗衣不忍看。

诗人说，冬夜独眠，盖着厚厚的鸳鸯锦被也都感到寒冷，忧思愁苦更加令人无法入睡，只得推开被枕起来，呆呆地望着窗外的夜空，直到霜月转过阑干，斜斜地挂在天上。我满腔的幽怨无法向人倾诉啊，也不忍心去看那滴满了泪水的衣裳。朱淑真冬夜孤枕难眠的凄苦情状，真可谓苦不堪言了。

就算是冬去春来，朱淑真因为心情恶劣，她看到的也是春归的离愁和触景生情的悲伤。

她的《春归五首》其三写道：

狼籍花因昨夜风，春归了不见行踪。
孤吟茕坐清如水，忆得轻离十二峰。

意思是说，昨天夜里狂风肆虐，打得满地残花落叶，一片狼藉，叫人十分悲伤。春天就是这样无端端的逝去了，连半点踪影都没有留下。我寂寞悲伤，以苦吟诗草来宽怀解愁；可是这种孤独无伴的日子简直是凄清如水啊，这就更加令人怀念昔日与情人在一起的快乐，那才是幸福甜蜜的岁月。朱淑真的感伤如此浓重，因为她确实难于掌握自己的命运，不知道心上人何时才能再来相会。

在《晚春有感》一诗里，朱淑真把自己难于掌握自己未来爱情命运的忧虑，表达得更为清楚了。该诗写道：

却扇羞花春已空，扫红吹白任颠风。
断肠芳草连天碧，春不归来梦不通。

意思是说，癫狂的风雨恣意肆虐，把红花白花一概吹落，春光已经离去空无踪影了。往日万紫千红的迷人景色，如今只剩连天的芳草，惹人愁肠寸断，再难有春天的好梦了。朱淑真每每把美好的春天隐喻为自己执着追求的爱情和心上人，既然“春不归来”，她与情人团圆的美梦就难于实现了。

朱淑真长期见不到情人，思念心切，常常设法与之联系，互通音讯。无奈在古代封建社会里，一个结了婚而又独居的妇女，直接与单身男人联络，总有许多的不便，令她感到十分的苦恼。她的《寄别》一诗写道：

如毛细雨蔼遥空，偏与花枝著意红。
人自多愁春自好，天应不语闷应同。
吟笺谩有千篇苦，心事全无一点通。
窗外几声新百舌，唤回杨柳正眠中。

朱淑真说，牛毛细雨把天空遮掩得灰灰蒙蒙，似乎有意要把花枝染得格外鲜红。春光固然是好，无奈我却愁苦万分；天公虽然默默无语，理应也和我同样愁闷呢！我纵使吟遍了千篇诗稿，凝结在心中的相思情怀一点也得不到沟通，彷徨苦闷仍然无法解脱。

据说百舌鸟的叫声能使春回大地，但是现在从窗外传来它的声声叫唤，只能催醒那沉睡中的杨柳，对我反而徒添哀愁了！

朱淑真把自己的愁闷想像得与天公相同，可是其愁怨之深广了，而她的缱绻之情无法与情人沟通，尽管别人不理解，但是老天有眼，应该给予莫大的同情。朱淑真把无可奈何的心绪，极为细致曲折地表现出来了。

当然，朱淑真绝对不会放弃寻求与情人沟通、相约见面的机会，这就莫过于用书信传情了。她的《寄情》诗写道：

欲寄相思满纸愁，鱼沉雁杳又还休。
分明此去无多时，如在天涯无尽头。

朱淑真说，情人啊，我很想把相思缠绵的情意写信告诉你，但是传递书信的鱼雁都不见了踪影，实在是没有办法呀！明明我们的住地距离不是太远，竟然相见是那样的困难，好像是相隔在遥远的天涯！朱淑真极写了对情人的相思之苦和传情之难，并对封建礼教的禁锢，令情人近在咫尺却不能相会，表示了极大的愤慨！

在《秋夜牵情》的第一首里，朱淑真又说：

纤纤新月挂黄昏，人在幽闺欲断魂。
笺素折封还又改，酒杯慵举却重温。

灯花占断烧心事，罗袖长供挹泪痕。

益悔风流多不足，须知恩爱是愁根。

意思是说，一轮纤细的新月，在黄昏的暮霭里升起，我因为相思痴恋，常常极度忧伤、愁肠欲断。给情人写信，万般情愫不知如何表达，临到交寄时又再次拆开修改，心中真是矛盾慌乱啊！跳动的灯花本来预兆着喜讯，反而牵动我无限焦虑的心事。华丽的衣衫擦不尽伤心的泪水，我们的恋爱虽然痴情浪漫，可是仍然不够热烈大胆，令我们不能长相欢聚，所以我们恩爱越深，愁怨就越多了。

朱淑真不仅生动地状写了她相思的痛苦与无奈，而且也极度地表达了她的无比惆怅与愁怨，虽然用的是淡淡的笔调，却写出了浓浓的情怀。

朱淑真与情人的书信往来，既加深了他们的恋情，也加深了他们的互相思念。由于朱淑真的恋人时常要为生活和事业在外奔波，所以朱淑真也经常牵肠挂肚为他的安全担心。她的词《生查子·年年玉镜台》写道：

年年玉镜台，梅蕊宫妆困。

今岁未还家，怕见江南信。

酒从别后疏，泪向愁中尽。

遥想楚云深，人远天涯近。

诗人说，长年累月对着玉镜妆台，都是把自己打扮成时髦的梅花宫妆，已经厌倦得毫无兴趣了。至今还不见心上人回来，极想收到他的书信，却又怕那信里报告他在外遇到不测的消息。自从和他分别以后，我酒也少喝了，而在愁思中流尽了眼泪。我朝朝暮暮都挂念着羁旅在江南的心上人，他去的地方可比“天涯”还要遥远啊!

朱淑真对恋人的情爱之深，思念之切，极其真切地表现出她的爱情之火的炽烈。

思念鳏夫，憔悴愁怨

朱淑真日思夜想，希望她的情人再来相会，而思之愈久，则结成梦境。有一次，她竟然梦见家里来了许多客人，她一个个仔细辨认，终于找到她的情人也在里面。她正想上前牵过他的手来，忽然所有的客人都变得与她的情人一模一样，她欢喜至极，不觉醒来，看到台上的油灯灯芯正爆出一朵红色的花球，原来她在掌灯时分便朦朦胧胧睡着了。她想，梦是心造的幻影，似真似幻，或许预兆着情人真的很快就会到来吧! 从此，朱淑真又陷进相思的喜悦与愁怨之中。

朱淑真的预感其实是有根据的。她在许多天以前接见过一位来客，客人转达了朱淑真情人的口信，说是新春过后，他可能会到杭州一趟。于是朱淑真便日夜盼望着这一天快快到来。她高兴得欣喜若狂，十分激动地写下了《灯花》一诗，表达她想念情人的急切心情：

兰釭和气散氤氲，忽作元珠吐穗新。
膏脉破芽非藉手，敷芳成艳不关春。
疑猜海角天涯事，搅乱衾寒枕冷人。

我欲生怜心焰上，何妨好客致清贫。

意思是说，油灯飘散着淡淡的云烟，忽然灯芯烧成了一个小小的红色花球，这是一个好兆头啊！还有，那涓涓的雨水滋润着万物生长，百花争艳，姹紫嫣红，这一切全都是大自然的造化，并非是人工所能使然。但是一想到要与远在海角天涯的情人见面，我就激动得意乱情迷，无法入睡了。从此我就天天盼望着宾客的到来，在那许多宾客中就会有我日夜思念的心上人；即使因为好客而导致清贫，我也在所不惜！

在这首诗的诗题下面，诗人自注曰：“俗谓‘灯有财花，有客花’，故成末句。”朱淑真对情人的热切期望，在诗中表露得淋漓尽致。

不久，朱淑真的情人果然来到杭州与她相会。两人久别重逢，互诉衷情，饮酒赋诗，快乐无比。她写的《即事》一诗，就是叙写他们这次幽会夜饮的情景：

旋妆冷火试龙涎，香绕屏山不动烟。
帘幕半垂灯烛暗，酒阑时节未恢眠。

意思是说，我俩忘情地谈情饮酒，不觉龙涎香已经烧完了，赶快把它重新点燃；于是香烟又冉冉上升，在屏风上缭绕不动。时间已是夜阑人静。闺房里帘幕低垂，灯昏烛暗，我们饮罢美酒，更加觉得快意兴奋，全无睡意了！

朱淑真抒写自己与情人幽会夜饮的情景，意态缠绵，但因为触及个人隐私，所以含而不露，留下许多悬念让别人去猜。

情人幽会，两情相悦，总觉得时间过得太快。朱淑真的情人抽空来杭州与她相会，逗留的时间自然不会太长，这就令他们感到时间更加短促了，而他们的交往已经开始引起一些亲友和旁人的非议，渐渐便形成了一种巨大的压力。他们虽然蔑视封建礼教的威严，但是周围众多的歧视目光和窃窃私语，极大地影响了他们的情绪，他们见面的次数不得不减少了，每次相聚的时间也越来越短了。

朱淑真这次与情人相会，时间没有多少天，就到了分离的日子。他们感到每次总是这样来去匆匆，似乎爱情之神对他们毫不照顾，因此临别时两人更是难分难舍。因为不知何时才能再次相会，朱淑真惟有又在梦幻里重温他们那爱的柔情和如胶似漆的欢愉了。她的词《江城子·斜风细雨作春寒》写道：

斜风细雨作春寒，对尊前，忆前欢。曾把梨花、寂寞泪阑干。芳草断烟南浦路，和别泪，看青山。昨宵结得梦因缘，云水间，悄无言。争奈醒来、愁情又依然。展转衾裯空懊恼，天易见，见伊难。

意思是说，斜风细雨，春寒料峭，正要举杯痛饮，借酒解愁，却想起和情人一起的种种欢乐，不觉又愁思满面，眼泪纵横，就像那带雨的梨花浸透了泪水。想到这次分别，情人又将走向芳草连天、大漠孤烟的远方，我那痴情泪水就夺眶而出，无奈地看着情人的身影越走越远，渐渐消失在青山绿水之中。从此啊，我就日思夜想结成千种梦境，萦绕心头；昨夜就梦到我们因缘相会，在飘渺的云水之间，我们在极度的欢乐之中，牵手相看，竟然相对无言，是说不出的激越情怀啊！岂料梦醒之后，离愁别恨依然是那样的凄苦，令人更加忧思如焚，以致辗转反侧，再难成眠。懊恼惆怅啊，真是见到春天容易，要想与他相会，则是无限的困难呀！

由此，朱淑真又陷入悲悲惨惨、凄凄切切之中了。

也许真的像朱淑真埋怨爱情之神没有关照过她一样，她的爱情多灾多难。在亲戚和邻里之间对她进行非议的人越来越多，那些难听的话语、刻薄的词句、酸辣的揶揄等等，令她感到非常的气愤。但是她除了可怜他们的无知、鄙视他们的无聊之外，除了依然我行我素，执着大胆地继续追求自己的爱情理想之外，作为封建社会的一名不幸婚姻的牺牲者，她还有别的什么办法呢？她已经离开丈夫暂且摆脱了那无爱的凌辱，难道还要她再次回到那令人憎恶的卑俗的丈夫那里吗？当然不能！然而自己所痴恋的情人，每次相会都是来去匆匆，往往一别又是经年，留下她这个孤单的女子，独自承受无端的压力和种种的凄苦，于是她在思念情人的时候，便生出爱恨交加的情绪，埋怨情人为何不快快回来，抚慰她的思念和痛苦！

朱淑真的《春词二首》就极其生动地写出她面临的孤苦与无奈。该诗第一首写道：

屋嗔杨柳噪春鸦，帘慎风轻燕翅斜。
芳草池塘初梦断，海棠庭院正愁加。
几声娇巧黄莺舌，数朵柔纤小杏花。
独倚妆窗梳洗倦，只惭辜负好年华。

诗人说，杨柳枝上的春鸦吵闹得惹人怨怒，帘幕外面在微风中双飞的燕子，则叫人徒生感慨。池塘四周的春草正茂，可是梦醒以后令人感到孤寂难耐；庭院里的海棠开得十分艳丽，更加勾起我无边的愁苦。远处传来黄莺娇巧的啼声，眼前面对许多纤柔可爱的杏花，我十分孤苦啊，独自坐在窗前的妆台上，却懒于梳妆打扮，只盼着情人的快快到来，莫让自己的青春年华就在这样孤单凄凉中白白地浪费！

该诗第二首又说：

屈指清明数日期，纷纷红紫竟芳菲。

池塘水暖鹈鹕并，巷陌风轻燕燕飞。

柳带万条笼淑景，游丝千尺网清晖。

人间何处无春色，只是西楼人未归。

意思是说，屈指一数，清明节又将到来，姹紫嫣红，百花争奇斗艳。春来池塘水暖，成双成对的禽鸟在嬉戏游玩，燕子则齐齐地在巷陌中飞过。万千条柳枝笼罩在金色的日影里，千尺游丝，盘结蛛网，在春阳的照耀下闪闪发亮。春色已满人间，而情人却还未回来呀!

朱淑真用明媚的春光反衬自己内心的痛苦，以禽鸟的成双成对与自己的孤寂对比，强烈地抒写出自己相思的愁苦，以及对心上人被分隔、有情人难于团聚，感到无可奈何的怨恨。

朱淑真的《初夏二首》，更将这种由爱而生的怨恨抒写得更加感伤。例如该诗第一首写道：

枝上浑无一点春，半随流水半随尘。

柔桑欲椹奂蚕老，稚笋成竿彩凤驯。

荷叶受风欹翠盖，榴花宜日皱殷裙。

待到一笔伤心泪，寄与南楼薄幸人。

意思是说，花枝凋零了，春花一半跟着流水飘走，一半则落入尘土之中，春天也随之而去。这时春蚕开始做茧，桑树也快要结出嫩果；春笋已经长成竹子，温顺的彩凤便栖宿在上面。荷花的叶子长得硕大如盖，在微风里左右摇摆；石榴花在阳光的照耀下，绽开美丽的红色花瓣。你看，又是春去夏至，可是心上人依然还未到来。叫人多么地伤心啊！我因此爱极而生恨，天天以泪洗面，看他还敢不敢违心的不快快回来!

朱淑真从描绘初夏之景开始，历数情人离别的日子已经很久却还未归来，令她孤寂难耐，因而爱恨丛生，满怀辛酸地写出了她的凄苦与无奈。

朱淑真既然与情人难于团聚，又受到世俗和礼教的歧视与压迫.两人每次的相会都要冲破许多的阻力。因此她深感自己的爱情之路十分艰难坎坷，前面不仅荆棘满途，而且还有冰雪封杀，她既忧思重重，倍增自己的思念与愁苦，更为情人的处境焦虑。她的《对雪一律》满怀悲切地写道：

纷纷瑞雪压山河，特出新奇和郢歌。
乐道幽人方闭户，高歌渔父正披蓑。
自嗟老景光阴速，唯使佳时感怆多。
更念鳏居憔悴客，映书无寐奈愁何。

诗人说，大雪纷飞，铺天盖地，淹没了山川和河流，这是多么的新鲜和奇特啊，好像要与楚国郢都的阳春白雪之歌互相唱和！安贫乐道的隐士闭门不出。渔父披着蓑衣高歌而回。光阴似箭日月如梭，这些年我被不幸的婚姻和艰难的爱情所折磨，青春年华快要消逝了，人老珠黄的景况就要到来。我悲愤慨叹，连那美好的景致反而也会增加我无限的感伤！还有啊，我更加念念不忘的是那心上人，他老而无妻，面容憔悴，我们堪称同是天涯沦落人了，所以一想到他就无法入睡，只能借着白雪映照回来的亮光看书，可是又怎能把这无边的愁怨消除呢！

朱淑真借雪后壮观的景色，反衬出自己揪心的愁苦，既哀叹自己红颜不再、青春已逝，又极写与情人苦恋的无限相思！其情之长，其苦之深，浸透于字里行间。婚姻不能自主，爱情也没有自由，朱淑真的恋情又一次受到了打击。

尽管朱淑真对封建礼教毫不妥协，但是她的婚外恋渐渐被人传播出去，受到越来越多的非议与歧视，连父母亲也开始感到不安，对朱淑真产生了怨言。鉴于世俗和环境的压力，朱淑真与情人的关系不能不采取十分隐蔽的方式进行，他们的恋情也就变得更为复杂，若即若离，时隐时现，尝尽了悲哀与愤恨的痛楚。

朱淑真《除夜》诗里说：

穷冬欲去尚徘徊，独坐频斟守岁杯。
一夜腊寒随漏尽，十分春色破朝来。
桃符自写新翻句，玉律谁吹定等灰。
且是作诗人未老，换年添岁莫相催。

意思是说，冬季将要过去，但是寒气还是不时袭来。除夕之夜万家团聚，我却孤零零的一个人守岁，只得独坐饮酒，借酒消愁。严寒随冬夜逐渐消逝，明媚的春色将破晓而来。人们自写春联可以将旧词翻出新意，但是谁想用一个标准去匡定别人的一切，正如用玉制的乐器去校正所有的音乐一样，那一定是白费心机的。

我现在人还未老，暂且仍能写诗作词，过年又添新岁了，也无须催逼得太紧。

朱淑真从除夕之夜时序的更新，一方面慨叹情人不在身边令自己孤寂愁闷，另一方面则赞颂创新与自由，指责封建礼教自定为金科玉律去束缚世间的男女。诗人坦诚地表示，自己尚在努力，一定要争取一个新的前景，为自己的爱情，也为情人的幸福，誓与礼教进行抗争。

然而在强大的封建势力面前，朱淑真以一个弱女子的孤单力量，根本就无法触动礼教的丝毫，她的爱情不但难有进展，而且日渐陷入孤独无助的境地。她的《减字木兰花·独行独坐》一词，就极为悲愤地写出自己凄凉无告的情状。词曰：

独行独坐，独唱独酬还独卧。伫立伤神，无奈轻寒著摸人。此情谁见，泪洗残妆无一半。愁病相仍，剔尽寒灯梦不成。

朱淑真说，我独自走路独自枯坐，诗词是互相唱和对答的，可是我仍然只能独自吟唱独自酬答，还有那每天的睡眠，更是孤独无伴。我独自凭栏久久站立，感到无比的伤心和愁苦；再加上春寒料峭，无奈地被撩惹得万分的凄凉！我受不了室外的寒冷，回到闺房的镜台之前，赫然照见脸上的脂粉因为终日伤心流泪，已被冲掉了大半，显得特别的憔悴。然而此情此景，又有谁人知晓！

我忧伤过度，愁病交加，每晚望着一盏昏黄的孤灯，无法入睡，真不知道怎样才能度过这漫漫的长夜！朱淑真在词中极写自己爱情被阻的凄凉境况，辞情哀切，感伤至深，也是对礼教压迫的一种控诉！

婚外恋情，爱恨相生

朱淑真的婚外恋情，主要发生在25岁至30岁之间。此后由于受到现实环境的压力和封建礼教的束缚，她与情人的来往遇到了诸多的限制，使他们爱恨相生，痛苦不堪。这种若即若离的关系一直维持到朱淑真40岁左右，他们仍然情怀缱绻，无法剪断。这期间朱淑真所承受的歧视、误解与压力，几乎是封建社会女子所无法承受的。但是朱淑真以她的自由开放的思想。博学多才的智慧，以及无比大胆的信心和勇气，独自进行多年的抗衡。她在诗词中一再表明自己崇高的理想与明洁的心志，面对市井中的流言蜚语和世俗对她的诬陷与诽谤，她不仅严词斥责，而且激烈地抒发她不与礼教妥协、坚贞忠烈的品格，突出地表现了古代妇女为争取自由幸福而勇于斗争的精神。

朱淑真一向对梅花特别钟爱，常常以之自比，借以抒写自己远大的志向和高洁的品德，表现她在爱情生活上的美好情操，反击世俗对她的诬蔑。例如，她在《腊月踯躅一枝独开》中写道：

园林经腊正凋残，独尔花开烂漫鲜。
借问陇梅知幸否，得陪春卉共时妍。

诗人说，园林小径里的腊梅都已凋谢，唯独田埂上的那株梅花正在盛开，十分鲜艳烂漫。梅花呀梅花，你是否知道自己多么的幸运，能够和百花一起争妍斗艳，共享春光！朱淑真在诗中描述了那枝晚开的梅花的艳丽，赞美它“得陪春卉共时妍”，暗寓自己虽然婚姻不幸，但是后来与情人的痴恋，在他们的爱情之树上，正开出灿烂的花朵，这是自己的幸运，更应该好好的珍惜，她决不许别人肆意的干涉和阻挠！

在《柳梢青·雪舞霜飞》一词中，朱淑真更是赞美梅花傲霜斗雪的无畏精神：

雪舞霜飞。管，吹到屏帏。隔帘花影，微见横枝。不道寒香，解随羌蕊妆英，浅颦轻笑，

个中风味谁知？睡乍起、乌云甚欹。嚼酒半醒时。

诗人说，雪舞霜飞，天气恶劣，我隔着窗户，隐约见到横斜伸展的梅枝。想不到梅花的幽香竟然会随着羌笛的声音，传到闺房之中。这其中的情趣谁人能够知道呢？你看，我刚刚睡醒，发髻还斜歪在一边，就忙着品尝梅花的清香，还对着镜子在额上描画梅花宫妆，禁不住一时轻蹙眉头，一时又抿嘴而笑。啊，原来我喝了酒还在半醒半醉呢!

朱淑真十分生动地写出大雪纷飞中隔窗尝梅的特有情趣。极写梅花在严寒中傲雪凌霜、刚劲挺拔的英姿，盛赞其铁骨铮铮、无所畏惧的斗争精神，从而表示诗人自己亦如梅花一般，清丽高洁，意志坚定，决不屈服于礼教和世俗的威逼。

同样，朱淑真对竹子也十分喜爱，常常用作自比，表示自己的忠直刚烈和坚韧不拔。例如她的《对竹一绝》写道：

百竿高节入云齐，千亩谁人羡渭溪。
燕雀谩教来唧噪，虚心终待凤凰栖。

诗人说，看着上百棵高耸入云的竹子，令人赞叹不已，谁还会去羡慕那拥有千亩之广的渭溪林场！不许那些讨厌的燕雀跑到竹园来叽叽喳喳，有所企求，我耿直的竹子虚怀明洁，以满腔的真诚等待着美丽瑞祥的凤凰前来栖息。

朱淑真以竹自比，写出自己高远的志尚和刚直的品格。在历代文人的著作中，均以竹子有节，刚劲挺拔，用作节操坚定、不断进取的象征；而燕雀一般贬指小人，凤凰则比喻俊彦，朱淑真巧妙地运用一系列隐喻，抒发自己追求高尚的人生理想、决不与凡俗小人为伍的远大胸怀。

为了向世人清楚地表明自己的高风亮节，朱淑真不惜反复描写竹子的节高风清，超凡脱俗。例如她在《代谢人见惠墨竹》一诗中，就不忘叙写竹的美质与风姿。其中有云：

纷纷桃李皆凡俗，四时之中惟有竹。

非惟苍悴列风轻，对之自觉清人肉。

意思是说，尽管众多的桃树李树争妍一时，但它们都会随着季节的变化有盛有衰，所以皆称凡俗；唯有竹子长年繁盛，四季常青。它苍翠挺拔，节高风清，外秀内美，姿容潇洒，令人感受到超凡脱俗、高雅清新的品质，是多么值得赞美啊!

在《直竹》一诗中，朱淑真更是以竹直抒胸臆：

劲直忠臣节，孤高烈女心。

四时同一色，霜雪不能侵。

诗人说，翠竹，你劲拔挺直，高高耸立，像忠心耿耿的大臣那样，气节坚定，你凌空孤傲，直刺蓝天，可比重义轻生的烈女，情操高尚。修竹四季常青，苍翠欲滴，没有凋谢的时候，任凭风霜雨雪吹打也毫无损伤，反而更加显示出顽强的生命力。朱淑真极赞竹子坚贞不屈的品格，表明自己为追求美好的爱情忠贞不移，蔑视一切流俗，纵然惨烈牺牲，也要与礼教抗争到底的决心!

但是封建礼教丝毫也没有放松过对朱淑真的压迫，世俗的流言更是一步步要把朱淑真吞噬，并千方百计阻挠她和情人的往来。朱淑真愤怒极了，痛恨极了，她誓死也不肯屈服。她写《中秋夜不见月》表示，要拨云见月，冲破旧势力的种种阻挠：

不许蟾蜍今夜明，始知天意是无情。

何当拨去闲云雾，放出光辉万里清。

诗人说，中秋之夜本该月明人团圆，可是今夜明月却被遮挡，变得黑暗无边，这是天公无情无义，要与人间为敌啊！无论如何我也要设法去拨开云雾，让圆月突出重围，把它那万丈光芒撒向人间！朱淑真以拨云见月为题，直斥礼教和世俗的罪恶，要与“无情”的“天意”抗争，夺回自己应有的自由与幸福。

她的《雪》二首，更是表明她不畏严寒冰雪，不管礼教的压迫多么残酷惨烈，也要维护自己人格的独立与尊严。该诗第一首写道：

一夜青山换玉尖，了无尘翳半痕兼。
寒鸦打食围沙渚，冻雀藏身宿画檐。
野外易寻东郭履，月中难认塞翁髯。
梅花恣呈春情性，不管风姨号令严。

诗人说，连夜的大雪，青翠的群山一律披上了皑皑的白雪，山峰上像碧玉一般晶莹闪亮，再也没有半点灰尘的遮掩。在严寒里饥饿的老鸦只得在水边的沙洲觅食，麻雀则被冻得全身发抖，躲藏在彩饰的屋檐里面不敢出来。白天在郊外的雪地上很容易见到野兔的脚印，晚上在月光中则很难识别老翁脸上的是白鬓还是飘落的冰雪。只有梅花勇于傲霜斗雪，不管风神怎样逞凶肆虐，梅花坚韧的品性绝不更改！

朱淑真以工巧的笔触，极为传神地写出雪中壮丽的景色，从多方面烘托出梅花不畏冰雪严寒的可贵精神，用以表明她蔑视礼教的威严，也不管市井愚众的恶毒流言，在现实的压迫下，一如既往，坚韧不拔，维护自己崇高的理想，争回自己爱的权利！

凄惨一生，悲壮之死

朱淑真的婚外恋情，夫家也时有听闻，但起初还不敢相信。至少觉得朱淑真出身官宦之家，是个知书识礼的知名女子，知识广博，才华横溢，怎么会做出与礼教相违的事情呢？可是后来这事在朱淑真寄居的娘家一带，越传越盛，闹得沸沸扬扬，夫家派人去了解，证实确有其事。虽然事件不像传闻那样任意夸张和胡编乱造，但她和初恋情人重续旧情，时有约会，并且坚持不肯放弃这段被视为无法无天的情缘，则是不争的事实。因此夫家十分震怒，向朱淑真的父母提出严厉的交涉，苛刻地限制朱淑真的自由。朱淑真反抗、争辩，力说自己婚姻的不幸和争取真挚爱情的权利，可是在封建礼教严密控制之下，人们思想和行动的准则，都不敢超越礼教的规范，又有谁能够挺身而出为她主持公道呢？一些善良的亲友，也只能唉声叹气，洒下了同情的泪水。

朱淑真受到前所未有的沉重打击，情绪极为低落。她一度想去削发为尼，皈依宗教，脱离世俗的尘嚣，以度过清静的晚年。她到一个叫作王道姑的寺庵暂住，跟随尼姑烧香念经，以求心灵的解脱，为此她在庵壁上写下了《书王庵道姑壁》一诗，以记其事：

短短墙围小小亭，半檐疏玉响泠泠。

尘飞不到人长静，一篆炉烟两卷经。

朱淑真说，尼姑庙的围墙短矮，庭院里筑有一座小小的亭台，屋檐下稀疏的竹丛发出清越的声音，好像在低声吟唱。这里远离尘世肃穆清静，只有盘香的烟缕缓缓上升，伴随着虔诚的念经。朱淑真在这首诗中，宣泄了对世事的心灰意冷，表现出对黄卷青灯的一往深情。

然而朱淑真毕竟是个血气方刚的烈性女子，小小的道庵岂能容下她高远的志向和叛逆的思想！经过一段日子的情绪舒缓，她心里虽然逐渐平静了下来，但是仍然无法忘怀她一直痴恋的情人——那位也为爱情愁苦不堪的“鳏居憔悴客”。同时她又挂念着年老的父母，她离不开他们的关爱，更有责任侍奉他们颐养天年……经过左思右想，她终于离开了道庵，重新回到娘家去居住。

这时朱淑真仍然情牵千里之外、那位已经与她隔山隔水的情人。她念念不忘两人在一起的快乐时光，不忘他俩的互相承诺和浓情蜜意，甚至她还想方设法与之联系……不料这一行动更加招来无穷无尽的谩骂与指责，夫家再次派人前来干涉、问罪，礼教、道德、邻里、社会，以致与之毫不相干的闲杂人等，一个个都像恶魔一般对她横眉怒目，似乎要把她生吞活剥，置之死地而后快。朱淑真感到社会是如此的绝情，道义是如此的虚伪，社会尊之为典范的礼教，更是无比的凶残与无耻，他们都不肯给一个既有理想又有才华、对纯真的爱情专注执着的女子，让出一条生存的道路，那么她留在人间苟活残喘，还有什么意思呢？还不如一死了之，用自己宝贵的生命，向罪恶的礼教、黑暗的现实作出最后的抗争与控诉……

大约在淳熙七年左右，朱淑真年约四十五岁，一个凄风苦雨的晚上，朱淑真略作梳洗，理妆打扮，然后缓缓地走向附近的一道溪水，望着情人所在的东方，惨烈地大喊了几声，倒向了东去的流水……

青山流泪，河水呜咽，它们要为一个刚烈不屈的冤魂申诉。

关于朱淑真之死，过去有过种种的揣测。从学理上去考察，我们认为，朱淑真之死，不外是死于不贞，或者死于投水。我们这个结论是依据多方面的资料探索出来的。在前面的章节里，我们已经对朱淑真的身世和恋情，作了详细的考述，清楚地说明了朱淑真的自身环境，怎样把她一步步推向死亡的深渊。下面我们再次论证她的惨死，以便对她的一生有个更为彻底的认识。

前人对朱淑真死时的年岁，及其如何死法，皆未明言。但从现存最早记载朱淑真的《断肠集·序》文中看，魏仲恭对朱淑真的死，有很刻意的强调与描述，却又相当隐晦。试看这一段：

其死也，不能葬骨于地下，如青冢之可吊，并其诗为父母一火焚之，今所存者，百不一存，是重不幸也。呜呼，冤哉！予是以叹息之不足，援笔而书之。聊以慰其芳魂于九泉寂寞之滨，未为不遇也。

行文凄婉隐约，欲言又止。这类纪事的手法，必是有所暗射的。魏氏欲暗射什么呢？首先，他没有明言朱淑真是“水死”，但行文中似乎已暗示了她是“水死”的，而且是不得其死。因为人死必葬，总有一抔黄土以供后人凭吊，尤其是古人对死后的安葬十分重视。朱淑真死时虽无子女，而父母亦健在，但她已是出嫁之妇，而且死时年纪也不算太轻。以这样的身份与背景，她死后理应由夫家安葬以供后人凭吊。但是，魏仲恭却说：“其死也，不能葬骨于地下，如青冢之可吊，并其诗为父母一火焚之。”这似乎于常理不合。一为其死后未能如普通人的埋骨安葬，可能火化；二为其“后事”似由母家办理；三为其诗文，没有被父母珍藏纪念，反而忍心地加以焚毁。这种种迹象，都暗示了朱淑真的死，当有很特殊的背景，而且是不得其死的。

魏仲恭的《序》中又说：“呜呼，冤哉！……聊以慰其芳魂于九泉寂寞之滨，未为不遇也。”这明显地暗示出朱淑真似是“水死”的。水死之事，有两个可能，一为自己赴水而死，二为被迫投水而死。但无论如何，朱淑真的死，可说是死于非命的。又有近人郭清寰在《从断肠集中所窥见的朱淑真的身世及其行为》的考证中，认为魏仲恭这段文章的句子可以有两种断法，第一种便是前面的断法；第二种就是：“聊以慰其芳魂于九泉，寂寞之滨未为不遇也。”若照第二种断法，则此段文字暗示朱淑真水死之事尤为明显。这些论断，是十分确切的。

至于朱淑真为何死于非命，依照我们的推想，是因为她的婚外恋情为其丈夫或父母识破。朱淑真由于不愿忍受家庭和社会的恶意诽谤和攻击，以致愤然赴死；因她的死与不贞有关，所以夫家置之不理。有说她的尸身漂没，未能掩葬，但仔细研读魏仲恭的序文，他说：并其诗为父母一火焚之。这里的“并”字，是指其遗体与诗文并为火焚，亦有可能。既然火焚，则一如魏仲恭所说，“不能埋骨于地”了。尸身漂没，似是未确；而骨既无葬，魏氏无处可为凭吊，惟有凭空而吊之。

朱淑真的诗文被父母焚毁，这一点更可证明朱淑真的死，是死于“不贞”的。我们从朱淑真的《寄大人二首》等诗中，如“诗诵南陔句，琴歌陟岵音”、“诗礼闻相远，琴樽谁是亲”、“欲识归宁意，三年数岁阴”等等，可见朱淑真是一位孝顺的女儿，与父母的感情相当深挚。再者，父母于子女死后，悲伤之余，必欲留其遗物，未有忍心将其遗物尽毁的。况且，以朱淑真而言，一生酷爱文艺创作，其诗文可说是她一生心血的结晶。她的父母又是“有识之人”，更应该将其遗作保存爱惜，怎会“一火焚之”呢？这显然是因为朱淑真的死，在古代封建社会里，负着“不贞”的罪名，她的父母为避免家声有玷，所以才将她大胆坦率、自抒情怀的诗词，一火焚毁，以免遗污后世，玷辱家声。

但是，为何魏仲恭在朱淑真的诗词被焚毁之后，还能够搜辑到几百首之多呢？据魏仲恭自己说，是“旅邸中好事者往往传诵朱淑真词”，所以他能够广泛地加以搜集。现存宋代的文献及有关的资料，未有载述朱淑真的事迹与诗词，与她同时代（南宋初期）的文人亦未有提及她，她的文名显然不彰，则为何于她死后，好事者往往传诵她的诗词？关于这一点，近代学者郭清寰曾作过分析，今抄录原文如下：

朱淑真的文名，在当时并不显著，与她同时代的文人未有人曾提到她。然而，她的诗词印旅邸中也都传诵，这岂是因为她的文名远震如唐代的王之涣、王昌龄一般，其诗即旗亭歌伎也能传唱吗？并不是如此，乃是因为她本人曾演了一幕很惹人注意的惨剧，一般行旅，因熟听这段新闻，所以才传诵其诗词以为谈讲的资料，并非是真能赏鉴她的作品，否则朱淑真的诗词，在当时不曾为文人墨士所欣赏而传诵之，乃偏传诵旅邸中，且为好事者所传诵，那便不近乎情理。再说，所谓好事者是指什么人呢？那当然是刺探奇文异事，以备无事聊天的人，他们传诵朱淑真的词，并非为在人前自矜博雅，乃是为谈这段新闻时的一点作料。这论析除了说明《断肠诗集》能被魏仲恭所搜集的原因外，更可进一步说明朱淑真致死的背景。

从魏仲恭的《断肠集·序》中，可见魏氏对朱淑真的死，记载似乎比她的其他事迹更为详尽，这乃是由于魏仲恭在听闻中最详尽及确切的，就是朱淑真的死；又由于传闻中令朱淑真致死的原因，乃是她婚姻的坎坷，所以魏氏在序文中，最侧重这两方面的记述，而对于朱淑真的身世，反而未明。但在论述朱淑真的婚姻及死亡两件事上，前者采取了明显记述的态度，而后者则行文隐约，故为奇拗。这是什么原因呢？我们以为魏氏不明言之故，或者是因为魏氏观其诗，慕其人，同情于其遭遇，因而不欲彰其玷污，那便是春秋笔法所谓“为贤者讳”的做法。况且，宋代的道德观念，与今日迥然不同，魏氏虽同情朱淑真的遭遇，但基于社会观念及种种舆论的限制，他的记述便不得不谨慎了。

综合以上分析，朱淑真的死于“赴水”及与“不贞”有关，是很明显的。我们今日对朱淑真的研究，采取的是“论世知人”的态度，并不需要任何讳言，假借“道学”的规范去曲解事实。封建的社会与迂腐的思想不应存在，我们今日所尊重的是真挚的感情与崇高的心灵。男女爱慕，情真意诚，是人间的“至情”，绝不应有“贞”与“不贞”的迂见。朱淑真生于礼教森严、封建思想浓厚的社会中，却能大胆强烈地追求诚挚的爱情，实在令人敬佩之至。她的思想可以说已走向时代之先了。她的死，凄惨而又悲壮，正是对社会吃人礼教的一种强烈的反抗。

其实，朱淑真的桑濮之行（婚外恋情），是对旧社会礼教压抑人性的一种有力的讽刺。而且她的婚姻既不如意，丈夫又另宠新欢，假如她真能找到一位真心爱慕的人，使落寞情怀，有所慰藉，我们正应为这天才横溢的女子庆幸，哪里还能说什么“白璧微瑕”的陈腐诞语！后人斤斤于朱淑真的德行而申辩，皆是卫道者的迂见，甚无谓也。

此外还需说明的是，魏仲恭替朱淑真辑集于 1182 年。其后一段时期，《断肠集》应当流行于浙江福建一带。因此，福建刘克庄（1186—1269）在编《后村千家诗》时，便大量选入了朱淑真的诗作。明清对朱淑真诗的辑佚，多采用了《后村千家诗》所载。朱淑真另有《断肠词》一卷，《四库全书》称首见于宋陈振孙《书录解题》，明人毛晋以朱淑真的词与李易安的作品堪相驰逐，并驾而驱，遂将《断肠词》与《漱玉词》合刊，使朱淑真的诗词，得以更完整的保留，而朱淑真在中国文学史上的地位，亦得到更高的评价。

诗词赏析

《秋夜》

夜久无眠秋气清，烛花频剪欲三更。

铺床凉满梧桐月，月在梧桐缺处明。

“夜久无眠”已见怨妇愁绪满怀，而时又逢秋，秋风萧瑟，夜气清凉，锦衾单薄，佳人永夜难寝，更添一层愁苦。次句紧承“无眠”，写人事活动。既然辗转反侧难入梦，那么如何打发漫漫长夜呢？空房寂寥，红烛高烧，百无聊赖中，她只好剪烛花以消遣寂寞了。“烛花”即灯花，古人认为灯花是有喜事的一种预兆。杜甫诗云：“灯花何太喜，酒绿正相亲。”（《独酌成诗》）灯花频生当有赏心悦事，而她却无法消解眼前这幽情苦绪。着一“频”字，写出了女主人公的焦灼不安、心神难宁。“欲三更”接续“夜久”两字，极写思妇饱受孤独寂寞煎熬之苦。后两句写景。第三句转折一笔，写床席之月影。从窗外梧桐树缝筛下的婆娑月影，斑斑驳驳地铺满了冰凉、空寂的床席，今夜谁会给她送来温暖呢？这情景怎不令人凉从心生！“满”字表面是写光影之浓，其实是写忧思满怀，剪不断理还乱的郁闷之感。这一句明写屋内月色之凄美，暗表人心之失落，虚实相生，韵味悠远。古语有“一叶落而知秋”，说的便是梧桐叶落。梧桐是凄凉悲伤的象征，以梧桐写悲秋，是古人常用的手法。如李清照《声声慢》："梧桐更兼细雨，到黄昏、点点滴滴"，写尽凄凉悲伤之情。元人徐再思《双调水仙子·夜雨》："一声梧叶一声秋，一点芭蕉一点愁，三更归梦三更后。"以梧桐叶落和雨打芭蕉写尽愁思。该诗末句写窗外梧桐之月，以景语作结，留给读者无穷的想象空间。该句承上句，以顶真手法过渡，从床上之月光、树影写到高天之皓月，表达了诗人望月怀人的乍喜还忧的心理。"月在梧桐缺处明"，展现了一幅高远、疏朗的秋夜月色图。皎皎月华，她似乎忆起了曾经的"月上柳梢头，人约黄昏后"的甜蜜与浪漫；而如今，"瘦尽灯花又一宵"的时刻，又谁能与她"共剪西窗烛"呢？想超脱而不得，"月"之明，恰好照出了人心深处无法擦拭的黯淡。

凉床、月影和梧桐，共同营造出孤寂的意境。此诗无一情字，而无处不含"情"。情从三、四句中找出最能体现诗人感情的一个字，并在对全诗整体感悟的基础上，营造了意境。"凉"字既写天凉，又写心境的孤寂凄凉。夜很深了，主人公准备铺床睡觉,只见清冷的月光从窗外梧桐叶的缝隙中漏射下来，照在凉冰冰的床上。

《江城子·赏春》

斜风细雨作春寒。对尊前。忆前欢。曾把梨花，寂寞泪阑干。芳草断烟南浦路，和别泪，看青山。

昨宵结得梦夤缘。水云间。悄无言。争奈醒来，愁恨又依然。展转衾裯空懊恼，天易见，见伊难。

杜甫的《春夜喜雨》"好雨知时节，当春乃发生；随风潜入夜，润物细无声。"流传了一千多年，仍然让人过目不忘。杜牧的《江南春》则写出了江南春雨烟雾般虚幻缥缈的仙境："千里莺啼绿映红，水村山郭酒旗风。南朝四百八十寺，多少楼台烟雨中。"陆游在《临安春雨初霁》中有“小楼一夜听春雨，深巷明朝卖杏花”之句，诗人夜而不寐，从那淅淅沥沥的春雨声中，仿佛闻到大街小巷的杏花香。诗人们还给春雨起了许多雅号，如“兰溪三日桃花雨”、“沾花欲湿杏花雨”，把春雨和花联在一起。

杜甫在《江畔独步寻花七绝句》中咏道：“桃花一簇开无主，可爱深红与浅红。”诗里桃花有深红，也有浅红，色彩缤纷，可满足您的各种欣赏要求。宋人宋祁的《玉楼春》词：“绿杨烟外晓寒轻，红杏枝头春意闹。”诗里绿杨、红杏，春光春色，无限明媚，再着一“闹”字，则更是境界全出，使新春更显得有声有色，生机盎然。

唐代诗人韦庄在《菩萨蛮》中，则有“春水碧于天，画船听雨眠”的佳句，点画出江南水乡风光的两种情境。一为春和景明时：“春水碧于天”，使人悦目，叫人心胸之开阔；二为春雨潇潇时：“画船听雨眠”，多么悠闲自在，既有迷人的景色，又有令人回味的生活内涵。

“百转千声随意移，山花红紫树高低”（欧阳修）。鸟儿悦耳的啼鸣，常常引发诗情。在古诗人笔下，不论是李白的“鱼跃青池满，莺啼绿树低”，还是崔翘的“泉清鳞影见，林密鸟声幽”，都通过对鸟儿情趣盎然的鸣叫的摹写，道出诗人对生活的热爱。

韩愈“漠漠轻阴晚自开，青天白日映楼台，曲江水满花千树，有底忙时下肯来。”把唐皇每年率群臣游曲江的丽色，刻画得淋漓尽致。张旭的“山光物态弄春晖，莫为轻阴便似归，纵使晴天无雨色，入云深处亦沾衣。”诗人以描写山中万物生机盎然，争妍斗姿来劝诱朋友，到大自然当中去，切莫错过春游的时机。语言隽脱，意味深长。

《秋夜舟行宿前江》

扁舟夜泊月明秋。水面鱼游趁闸流。

更作娇痴儿女态，笑将竿竹掷丝钩。

平日里的朱淑真很美，充满了少女的多愁善感。“停针无语泪盈眸，不但伤春夏亦愁。花外飞来双双燕，一番飞过一番羞。”当是她闺闱生活刹那间的定格，比起李清照的“蹴罢秋千，起来慵整纤纤手……倚门回首。却把青梅嗅”，她更有多了一份不确定，也多出了一份静谧和深挚。

“夜船”“娇痴”“笑”“掷”“钩”，读罢似能看到她陶醉的神情，听到她开怀的笑声。瞬时的音容，瞬时的情态，瞬时的举止，瞬时的景致，浑然相融，呈现出一幅少女泛舟图，展现了天真、浪漫的少女情怀。画面生动，兴味野逸，不带一丝闰教之气，其情态之无忧在高呼女权的今人读来，仍是艳羡不已。这样的诗词诞生于宋代，不能不令人惊叹。而惊叹的绝非只是朱淑真的才情，更多的是她舒放的胆识和勇气！也正是这样的个性和意趣，使她敢于蔑视清规戒律。打破礼教枷锁，舒展人性，亲近自然，用生命的活力和生花的妙笔为烂漫青春铺展了一条无忧之路，这条路上有着花样年华里最美丽的风光，也因这风光激发了她更为绚烂的憧憬的和更为深远的张望。

事实上，朱淑真的少女之梦想洒满了明媚的希望，她在等待，她正处在一个多梦的年龄，“初合双鬟学画眉，未知心事属他谁，待将满抱中秋月，分付萧郎万首诗”。她呼唤着爱，对心中的爱人，她求的不是锦衣玉食，不是柔弱依附、不是谦卑恭顺，甚至不是风流倜傥，而是精神的慰藉、能理解自己、跟自己情投意合、能够与自己唱和的“萧郎”。她的期望充满了独立与果敢，走出了时代和世俗，走进了灵魂领域。

严酷的现实，使年轻的朱淑真受到精神上的极大打击与痛苦折磨，从此她的生活乐章里出现了哀伤的音符。精神方面圆满、和谐、飞扬的追求，从来是远高于丰衣足食的，或者这世界所有的感伤，都源于这里。即使是李清照又如何？她起于“青梅”回首、和于“金石”同趣，有过

“怕郎猜道。奴面不如花面好。运鬓斜插，徒要教郎比并看”。娇柔恩爱的赵明诚不一样还是要纳妾的么？这样说来，朱淑真的婚姻悲剧也就成了必然。

《咏雪》

六出花飞四面来，连山接水皓皑皑。

玲珑天地苍茫舍，的睬园林烂漫开。

庾岭腊梅寒散乱，章台风柳絮萦回。

自言空有孤吟癖，览竟惭无谢氏才。

对于身处“牢笼”的古代妇女，爱情和婚姻是她们生活的全部和归宿，朱淑真两方面都遭受沉重的打击。她非但没有放任生命之舟随波逐流，反而在经历了爱情的失落、婚姻的失败后，柔肠寸断的女诗人依旧能在痛苦中发出决然而有力的反抗之声。

从这首诗中我们看到，皑皑白雪将“连山接水”处装饰成了银装素裹的洁白世界，雪花漫天飞舞，腊梅在寒风冷霜中显出“散乱”的挣扎之姿，这“散乱”的挣扎之姿折射出的是梅花生命的顽强与坚韧。诗人备受感染，一枝寒梅尚与严峻恶劣的环境作坚决的斗争，更何况诗人自己呢？于是，诗人“病起眼前俱不喜，可人惟有一枝梅”（《冬日梅窗书事四首》），“凌冬不改青坚节，冒雪何伤色转苍”（《竹》），诗人由梅竹的鼓舞而自强，而这自强恰是诗人心灵的自我拯救，是对命运的有效抗争。

朱淑真背负着沉重的精神枷锁，饱尝人生中爱情的苦涩，执着地坚守在自己的园地里。她忠实地诉说自己所感受到的事物，情感真挚。“真字是词骨，情真、景真，所作为佳。”（况周颐《蕙风词话》）“真”恰是朱淑真诗词的特点。其诗词得以在男性观念日益专制，理学又兴盛，礼教甚严的南宋社会，以“里巷中口口相传”的生命力流传至今，也许全靠其创作的“真”。她的许多咏雪诗都体现了这个“真”字。如《观雪偶成》的“凭阑观雪独徘徊，欲赋惭无咏絮才。撒盐空中如可用，收藏聊与赠羹梅。”《雪夜赓笔》的“夜雪飞花似月明，交连寒影透门庭。只宜挟策临窗坐，免用辛勤更聚萤。”《对雪一律》云“纷纷瑞雪压山河，特出新奇和郢歌。乐道幽人方闭户，高歌渔父正披蓑。自嗟老景光阴速，唯使佳时感怆多。更念鳏居憔悴客，映书无寐奈愁何？”《赏雪》云：“珠帘暮卷绮筵开，风雪纷纷入酒杯。对景恨无飞絮句，从今羞见谢娘才。”

清代文人陈廷焯在《白雨斋词话》中说：“朱淑真词风致之佳。情词之妙，直可亚于易安。宋妇人能诗词者不少，易安为冠，次则朱淑真，次则魏夫人。”此评当为确论。

第五章

爱情悲剧，藕断丝连爱真切

朱淑真到底是在和丈夫离异后才另觅爱人，还是在无爱的婚姻中出轨，并无明确记载。但根据她实在娘家的情况来看，她最后应该已经跟丈夫分居，纵使没有得到正式的休弃，事实上已经离异。后考证其因与情人分手而“悒悒抱恨而终”。

夫妻争吵，苦不堪言

朱淑真跟随做官的丈夫客居他乡，实在是“从宦东西不自由”，令她极为厌烦。虽然她常常在“吴、越、荆、楚”等地游历，扩大了眼界，增加了许多实地的见闻，也结识了不少上层社会的妇女，其中有些还成了交往密切的诗友，给她带来几许的欢乐与安慰，但是她随夫宦游始终是被逼迫的，是无可奈何的事情。特别是她与丈夫的关系，非但没有改善，反而日趋恶化。当初她已经和丈夫以及家里的父母约好，等待丈夫三年任期届满以后，便一起返回杭州，岂料丈夫热衷于仕途，任官一届，又升迁一届，终日四处应酬钻营，乐而忘返，完全置朱淑真于不顾。因此，朱淑真不但怨恨丈夫一再失信，令她不能如约“归宁”，回家乡去探望父母家人，而且几年来客居他乡，夫妇依然情趣相抵，口角不断，更叫朱淑真深感孤苦无助，寂寞悲痛，身心备受煎熬。朱淑真是个感情丰富、才思敏捷的诗人，“凡触物而思，因时而感，形诸歌咏，见于词章，顷刻立就。”于是她便将自己对丈夫的不满与怨恨，不断地倾泻到诗词里去。

春天，本来是令人赏心悦目、振奋精神的好时光，但对于终日陷在愁苦之中的朱淑真来说，处处春景反而引起她更多的痛楚。她在《诉春》一诗里说：

十二阑干锁画楼，春风吹损上帘钩。
花心柳眼从教放，蝶意蜂情一任休。
群滞酒杯消旧恨，禁持诗句遣新愁。
东君若也怜孤独，莫使韶光便似秋。

意思是说，曲折的栏干围绕着华丽的楼房，春风把帘钩吹得叮咚作响。花蕾绽开了，柳树发出新芽；蝴蝶蜜蜂快乐地飞舞，可是这迷人的春景我却无心欣赏。只有纵情诗酒，才能消闷解愁。司春之神如果也怜惜我孤独寂寞，就不要让美好的春光像秋天一样，那会给人带来秋思和哀伤。朱淑真借写春情的慵懒无聊，倾诉她与丈夫不和带来的孤苦寂寞。

又如《春日感怀》诗曰：

寂寂多愁客，伤春二月中。
惜花嫌夜雨，多病发东风。
不奈莺声碎，那堪蝶梦空。
海棠方睡足，帘影日融融。

诗人说，自己孤苦寂寞，二月新春更是感怀至深，愁闷抑郁。好像世事总是不如意，本是爱花，却遇夜雨；本是多病，偏又刮风。原想借梦解除烦恼，岂料又被啼莺惊破。只有海棠正在盛开，帘外也照进了暖和的春阳。显然，朱淑真把自己婚姻的痛苦和寂寞无奈，都借春日的感伤，尽情抒发出来了。

在《春归五首》其四里，朱淑真更是写道：

一点芳心冷若灰，寂无梦想惹尘埃。

东君总领莺花去，浪蝶狂蜂不自来。

诗人是说，春天归去了，我的心情也随之万念俱灰，再也不抱任何幻想去徒惹烦恼了，司春之神把花呀鸟呀全都带走了，连蝴蝶和蜜蜂也不再看到了。朱淑真明明是借伤春来表示，她对丈夫已经一再失望，对毫无感情的婚姻完全心灰意冷了！

有一天深夜，朱淑真从睡梦中惊醒，一阵孤苦凄凉的情绪袭上心来，再也无法入睡了，于是她起来写下了《春夜》一诗。诗曰：

半檐斜月人归后，一枕清风梦破时。
无奈梨花春寂寂，杜鹃声里只颦眉。

诗人说，春夜风清气冷，月落西斜，有行人归家，突然惊醒了清梦。梨花在月夜里显得十分冷清孤寂，而杜鹃的叫声则更加凄凉，令人一阵阵紧锁双眉，引起无比的忧伤。朱淑真陷入不幸的婚姻而又无法摆脱，无论是醒着还是梦里，都十分痛苦，本诗就相当典型地反映了她这种无可奈何的情绪。

又过了一些时日，有一天夜里风雨交加，朱淑真感到孤苦零丁，彻夜不眠。于是她写下了《夜雨二首》。

其一云：

抱影无眠坐夜阑，窗风战雨下琅玕。
我将好况供陪梦，只恐灯花不胜寒。

其二云：

明朝春在雨中看，心碎檐声点滴闲。
纵有酒能消熟恨，宁无花解怨生寒。

前一首是说，一个人孤寂地对着自己的影子，没有睡眠，独自坐到春夜将尽的时刻。窗外风雨交加，竹丛里不断发出水滴的响声。我本想睡觉做个好梦，只是担心灯花忍受不了雨夜的凄苦与寒凉。后一首则说，下了一夜的春雨，一想到明天只能在雨中观看春日的景物，今夜屋檐下淅沥的雨声真令人心碎欲绝。纵使饮酒可以消解长年郁积的怨恨，但是春天岂能没有花开！朱淑真在清冷的春夜，本来已经感到形影孤单、寂寞难耐了，更兼连夜的风雨，真令她愁上加愁，无比的悲苦了！

如宋人魏仲恭所说，朱淑真因为“所适非偶”，“一生抑郁不得志，故诗中多有忧愁怨恨之语。”朱淑真单是随夫宦游期间，就写了不少倾诉其悲苦愁怨的诗词，然而，她想不到的是，这竟导致了她与丈夫的激烈争吵！

朱淑真的丈夫在外面寻欢作乐，已经好几天没有回家了。这一天，他突然回来，看见朱淑真案头上压着一叠诗稿，便随手翻开来看。虽然他对吟咏作诗不甚明了，但还是能看懂其中之意的。读罢妻子的诗稿，他不禁无名火起，将诗稿甩到地上，骂起朱淑真来。说朱淑真尽是写些什么“愁苦”呀，“悲伤”呀，“烦恼”呀，“怨恨”呀等等，简直是吃饱了在胡闹。他说家里锦衣玉食，任你享用，夫荣妻贵，你也沾光不少，却写什么“悲苦呀悲苦”，岂不是要丢他的脸面？最后他还“警告”朱淑真，要她按纲常伦理严守妇道，舞文弄墨并非妇女职能，闲来无事不如多学些女红，做些针线活儿，那样才显得实际一些云云。

朱淑真是个刚烈的女子，个性十分倔强。她听了丈夫骂她的一番“高论”，气得七窍生烟，怒火冲天，立即磨墨展纸，挥笔写下《自责》诗二首，表示极大的愤慨。其一云：

女子弄文诚可罪，那堪咏月更吟风。

磨穿铁砚非吾事，绣折金针却有功。

朱淑真模拟丈夫骂她的那种横蛮恶劣的口气说，女子读书作文、研究学问，已经是不可饶恕了，何况吟叹风月和男女私情，更是罪不容诛！为写字磨穿了砚台不是我们妇人的事，只有绣花缝衣、专做针线活儿，才有莫大的功劳。朱淑真完全用一种激愤的语词来说反话，表面好像是“自责”，反省自己的“错误”，实际是对封建礼教歧视与压迫妇女的现实，进行严厉的抨击，也是对丈夫粗暴行为的强烈抗议！

朱淑真《自责》其二云：

闷无消遣只看诗，又见诗中话别离。
添得情怀转萧索，始知伶俐不如痴。

朱淑真说，多年来她一直被婚姻的苦闷折磨着，只有借助看书读诗才能稍得排遣，但是诗书中满纸抒写的又都是离愁别绪的情景，更加勾引起自己无限的寂寞与感伤；万般无奈，左思右想，最后才算明白，如果自己不是有知识、善思考，而是一个浑浑噩噩的蠢材，也就不会有这份无边的苦恼了！朱淑真从心底里倾诉出来的这些悲愤言辞，直接谴责了封建礼教对自己的摧残，字字句句都是对丈夫欺压的坚决反叛！

朱淑真的丈夫看见朱淑真竟然如此大胆和激烈地顶撞自己，而且这些言辞还极为严重地违背了礼教的伦理道德观念，因而更加怒不可遏，他直斥朱淑真果然是“反了，反了”！而朱淑真经过反复思量，觉得再也无法与丈夫沟通和相处了，于是她又写下了《黄花》一诗：

土花能白又能红，晚节由能爱此工。
宁可抱香枝上老，不随黄叶舞秋风。

意思是说，苔藓能够随着季节的不同而变白或者变红，直到长老了仍能如此变化，因此有人颇为欣赏。但是黄色的菊花则相反，它每每迎着寒冷的秋风，宁可冻死在枝条上面，留下余香，也不愿跟着落叶随风飘零，任人践踏。朱淑真是借咏菊花而言志，其寓意是与其嫁给庸夫俗子，受其欺凌侮辱，不如独守空帏，誓死也不会降志辱身。她是在“父母之命，媒妁之言”的威逼之下，无可奈何嫁给这个庸俗官吏的，但是她决不甘心“嫁鸡随鸡，嫁狗随狗”，因此当丈夫压迫她愈重时，她的反抗也就愈烈，以至发出与封建道德观念相违抗、坚决不与丈夫苟且生活的誓言。朱淑真经过反复痛苦的考虑，作出了一个更加大胆而果断的决定：与丈夫分房而居！当她叫侍女帮她搬到一个单独属于她自己的房间时，她的丈夫顿时惊呆了！

丈夫娶妾，容容不乐

朱淑真的丈夫做梦也没有想到，朱淑真不仅公开顶撞自己，把他这个“官府之家”闹得沸反盈天，而且还要与自己分房而居，在他看来，妇道人家如此“胆大妄为”，简直是“无法无天”了。在南宋礼教森严的社会里，“夫为妻纲”是天经地义的事情，为人妻子要绝对服从丈夫的意志，哪有妻子蔑视丈夫，甚至凌驾在丈夫之上的道理？前些日子夫妻争吵时，他就已经大骂过朱淑真“反了”，现在朱淑真又进一步闹分居，岂不是动了真格在“造反”吗？

然而，朱淑真的丈夫对此咆哮了一阵，终归也还是无可奈何。因为“家丑不可外扬”，如果事情张扬了出去，非但于自己脸上无光，而且还有损身份，丧失了“官威”。因为这些年他“宦游东西”，在外地做官，一直官运亨通，十分得意，与自己拥有这么一位才貌非凡的夫人不无关系。朱淑真被当时社会称赞为“才色艳绝一时”，其超群脱俗在上流社会的仕女中，几乎无人能够相比，而其出身又如此高贵，作为她的丈夫既可以在官场上炫耀，又可以通过她与达官显贵的女眷的交往，帮助自己达到苟且的目的。现在朱淑真虽然反叛自己，但是作为丈夫的只要忍下一口气，留下她，对于自己还是有百利而无一害的。俗话说，大人不记小人过，何况是自己的夫人！本来朱淑真的丈夫平时就经常在外面拈花惹草，纵情淫乐，受到朱淑真的责难，现在朱淑真要和他分房而居，只要仍然保留名义上的夫妻关系，自己不是正好有理由去玩妓嫖娼了吗？因此朱淑真的丈夫对于夫妻分居的事实也只好默认了。

不过在朱淑真这方面，作出分居的决定确实也是十分痛苦的。一方面夫妻异趣，感情不和，话不投机，虽同床而异梦；另一方面礼教森严，妇女无论是分居还是仳离，都要承受巨大的社会压力。朱淑真秉性刚烈，宁死不屈，她也就顾不得这许多了。

只是分居以后，生活是自由了一些，而精神的痛苦则并未减轻。相反，一种沉重的失落感和孤寂无依的悲苦愁思，更是不时侵袭心头，令她发出苦闷的呐喊。

朱淑真与丈夫分房居住以后，不久就到了秋天，她倍感自己孤苦零丁，思想上痛苦极了，随即挥笔写下了《寓怀》诗二首。其一云：

淡月疏云九月天，醉霜危叶坠江寒。

孤窗镇日无聊赖，编辑诗词改抹看。

诗人说，暮秋九月，有一天她百无聊赖，便独自坐在窗下，仰望长空，只见经霜的枫叶，像饮醉了醇酒一样变红了，却又一片片凋谢零落，随风飘坠到寒冷的江面；夜里月朗云稀，更令人心绪迷茫。为了打发这难熬的白日和长夜，于是拿出昔日的诗词手稿进行编辑整理，修改涂抹，以排遣那无边的空虚与寂寞。这是朱淑真经历分居痛苦之后，又陷进新的孤寂烦躁生活的真实写照，她整日心绪不宁，做事也失去条理，只有在摇头叹息之中呆坐痴立了。

该诗的《其二》继续写道：

菊有黄花篱槛边，怨鸿声重下寒天。
偏宜小阁幽窗下，独自烧香独自眠。

诗人说，篱边栏旁的菊花正展枝吐芳，失偶的孤雁哀鸣着从寒空飞过，剩下我这孤苦的妇人，最适宜的就是蜷缩在楼阁的寂静窗下，独自一人烧香，独自一人就寝。在这里，朱淑真如实地写出自己孤独无伴的枯燥生活，在不甘寂寞之中隐含着深深的怨恨与诅咒。

朱淑真落入孤苦无告的生活，她想到这一切都是由于不幸的婚姻和丈夫的胡作非为所造成，因此她就常常把愤恨发泄到这不公平的遭遇上面。她的《即愁》二首的第一首说：

银屏屈曲障春风，独抱寒衾睡正浓。
啼鸟一声惊梦破，乱愁依旧锁眉峰。

诗人说，闺房里用银装饰的屏风曲折地展开，遮挡了从外面吹来带着微寒的春风。我独自拥着锦被睡得十分深沉，本以为已经忘却过去的烦恼，不料一声凄厉的鸟鸣，把我从梦中惊醒，旧愁新恨又一齐涌上心头，把人搅得烦乱不安。该诗第二首又说：

花影重重叠绮窗，篆烟飞上枕屏香。
无情莺舌惊春梦，唤起愁人对夕阳。

诗人说，各色的春花正在盛开，艳丽的花姿重重叠叠地映照到雕饰精美的窗户上面；点燃的盘香袅袅地飘散在枕后的屏风之上，发出阵阵的幽香。莺鸟不通人性，竟然啼叫着把人的春梦惊醒，令人对着西下的夕阳勾起万般的忧愁。朱淑真在这两首诗里，都是借景写愁，融愁于景，把她分居后寂寞无伴、郁郁寡欢的生活境况，借景色的抒写，曲折有致地坦露出来了。

正当朱淑真被孤寂苦闷的分居生活折磨得心烦意乱的时候，丈夫除了在外面毫无顾忌地嫖娼狎妓，纵情淫乐之外，又公然纳妾觅宠，把一个妖冶妩媚的少年女子，郑重其事地娶回家中，还大摆筵席，广迎宾客，极尽热闹。这在朱淑真的痛苦婚姻之上，无异于雪上加霜，令她再次遭受雷霆般的轰击。至此，他们之间的夫妻关系，已经名存实亡，完全走到了彻底破裂的境地。

其实宋代狎妓娶妾之风极为盛行，朱淑真丈夫的行为，只是迟早发生的问题。据《宋史》卷一四三《乐志》记载：宋教坊本隶宣徽院，有使、副使、判官、色长、色长高班、大小都知。天圣二年，以内侍二人为干辖。由于皇帝带头提倡，政府允许，以致妓女在北宋时期恶性发展。上自皇帝、文武百官，下至太学生，狎妓成风，大都会妓馆林立。宋代官吏文士，又好纳妓为妾，娶妾遂成为宋代一时风气。

张子野85岁尚买妾，苏轼作诗恭贺，传为佳话；南宋陆游虽对前妻唐婉情感深挚，但除再娶外，又纳驿卒女及蜀妓为妾。由此可见，宋代男士的喜爱纳妾，已成社会风气。而朱淑真与丈夫感情不和，在他们婚姻的中后期，丈夫开始狎妓纳妾，在那个时代本来是不足为奇的，可是朱淑真是个有着独立思想、个性刚强的女人，她反对封建礼教，主张男女平等，婚姻自由，尊重女性；只是她个人的力量太渺小了，根本就不为人所重视。先前丈夫在外面狎妓淫乐，她曾经多次提出严厉的谴责，但是丈夫不是搪塞几句，就是一笑了之，并不把她的“唠叨”放在眼里，依然故我，闲来在妓院娼馆寻欢作乐，留连忘返，非但不以为耻，反而认为是风流韵事，在僚属之中津津乐道。所以丈夫这次娶妾回家，张扬“喜事”，亲朋僚属都来庆贺一番，对于那个纳妾成风的男性专制的社会来说，完全是天经地义的事情，然而对朱淑真的打击，就非同寻常了。正如她在《新秋》诗里所说：

一夜凉风动扇愁，背时容易入新秋。
桃花脸上汪汪泪，忍到更深枕上流。

意思是说，夏过秋至，天气转凉，曾被人们爱不释手的扇子，就要被人弃置不顾了，这就触发了我的团扇之愁。相传西汉时成帝先是宠幸美丽能文的班婕妤，后来却转而爱上能歌善舞的赵飞燕姐妹。班婕妤受到冷落之后，作《怨歌行》一诗，感叹自己的遭遇有如秋扇见弃一般，因此后人便以扇愁来比喻男女恩爱中断，或者爱情不再。由此我也深深

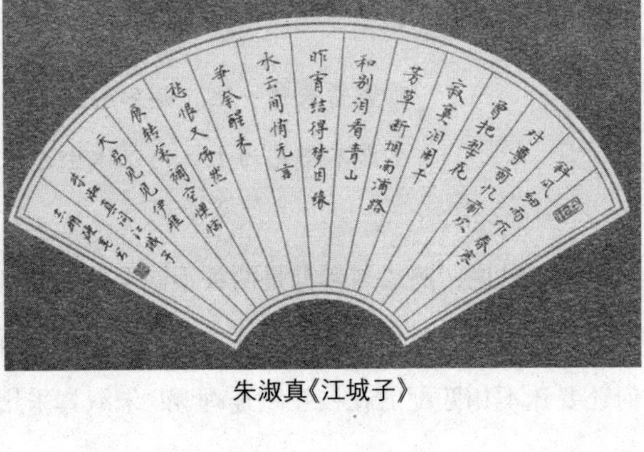

朱淑真《江城子》

知道，我因为时运不济，所以也很容易跌入新秋的悲哀寂寞之中，以致青春艳丽、美貌如花的脸蛋上，从此就天天泪珠汪汪；可是这满腔的悲苦又不愿让人知晓，只有每晚倚枕洒泪、哭向深宵了。

朱淑真的《早秋》一诗也说：

一痕雨过湿秋光，纨扇初抛自有凉。
雾影乍随山影薄，蛩声偏接漏声长。

意思是说，一场秋雨下过以后，秋天的景色便尽显出来，夏日宠爱的纨扇也因为天气转凉而被丢弃不用了。傍晚夜雾笼罩，山野朦胧，寒气渐渐逼人，我由于忧伤所致，夜夜失眠，只有倾听蟋蟀的叫声，不料这些小东西合奏起来的怨曲，竟然把滴漏的声音都掩盖得叫人听不到了。

在这些诗篇里，朱淑真把夫妻关系的变异、中断，都借夏扇秋弃的意象，曲折而又清晰地表现了出来，忧伤地道出了封建时代妇女被人摆布、随时被弃绝的悲惨命运，同时也表达了她们不甘屈辱的共同心声。

朱淑真的丈夫狎妓纳妾，不但加深了朱淑真对丈夫的憎恨，而且她更加感到自己的人格受到了侮辱，妻妾根本不能相容。于是她发出了决绝的愤怒声音。《愁怀》二首的第一首写道：

鸥鹭鸳鸯作一池，须知羽翼不相宜。
东君不与花为主，何以休生连理枝。

意思是说，鸥鹭与鸳鸯是两种不同羽翼的禽鸟，硬把它们放在一个池水里，那是绝对不适宜的。春之神既然不能为百花主持公道，那么为何还要让不相匹配的花枝互结连理呢！朱淑真采用形象的比喻，表示自己与丈夫已经无法妥协，两个性情相反、毫无感情的男女强扭在一起生活，只有无休止的痛苦，那是绝对不能相容的啊！她坦率直白的诗句，愤怒地控诉了包办婚姻的罪恶，并且对丈夫怨恨到了极点，非要与之决裂不可了！

朱淑真这首诗除了“自伤非偶”之外，还带有讽刺丈夫纳妾的意味。清代学者况周颐在《蕙风词话》卷四中说：“《愁怀》一首，大似讽夫纳姬之作。近有才妇讽夫纳姬诗云：‘荷叶与荷花，红绿两相配。鸳鸯自有群，鸥鹭莫入队。’正与此诗暗合。”

由于丈夫纳妾，朱淑真的旧仇新恨都一齐涌上心头，更令她气愤难消。于是她要尽量设法排遣自己郁积的重重怨愁，所以在《愁怀》其二里，她又写道：

满眼春光色色新，花红柳绿总关情。
欲将郁结心头事，付与黄鹂叫几声。

诗人借景写情，表面是说，看着眼前无限迷人的春光景色，红花绿柳实在教人情怀激荡。我多么想把历年来郁积在心头的所有怨愁，都随同黄鹂的叫声排遣得干干净净啊！在这里，朱淑真实际上是借写景来表明自己的心迹：既然与丈夫完全闹翻了，就希望从此可以换来一个比较清静、比较自由舒畅的生活，至少也可以维护自己独立的人格与尊严，以免让苦闷把自己憋死了！说是欲将郁结的心事排遣掉，可见其数量之多与时间之久，想排除干净，实际是无法排除，不幸的婚姻令朱淑真陷进无休止的痛苦折磨之中。

哭损双眸，分房而居

朱淑真与丈夫分房而居，是她反抗封建婚姻迫害的一个大胆行为，也是朱淑真发泄对丈夫长期怨恨的结果。这一方面固然在一定程度上维护了朱淑真人格的独立与尊严，使她暂时减少了整天忍受丈夫颐指气使的烦恼，多少争回了一些个人自由的空间；但是另一方面又在客观上完全放弃了对丈夫的约束，让他更加放肆地在外面寻花问柳，纵情淫乐，以致不久就讨回了小妾，把朱淑真几乎弃之如路人。这种“鸠占鹊巢”的局面，也许朱淑真当初并未考虑到，然而，一旦成了事实，就犹如突然的山崩地裂，她既无法逃避，更无法承受，这期间对她身心的摧残与打击，已经到了无以复加的地步。

朱淑真与丈夫分房而居，刚开始的时候还觉得有几分快意，因为这是她不甘屈服于丈夫的摆布和凌辱的反叛举动，是实施对丈夫刁顽恶劣行径的一种报复。但是不久丈夫纳妾以后，她才深深感到，自己作为一介弱女子，终究难于与这个男权社会彻底抗衡。也只有这时，她才进一步体会到被丈夫完全抛弃而独守空帏的无比痛楚。她旧仇新恨交集，叫天天不应，叫地地不灵，唯有借诗、酒来排遣怨愁了。

从丈夫纳妾开始，朱淑真长年累月都是过着以泪洗面和愁病缠身的痛苦日子。她的《春日杂书十首》，大多记录这一场空前伤心的事件是如何令她终日忿恨难消而又悲痛不已。例如该诗《其一》云：

春来春去几经过，不是今年恨最多。

寂寂海棠枝上月，照人清夜月如何。

意思是说，多少个春日来来去去都经历过了，就数今年春天的愁恨最浓最多。夜里寒气弥漫，海棠枝上洒满了银色的月光，显得格外的孤独和寂寞，而清冷的月色则把人间影照得更加凄凉。在这里，诗人一开始就直接诉说自己积累了太多的怨恨，而面对凄清的春夜，就更加感到孤苦寂寞，十分难耐了。

接着，诗人在该诗第五首里又写道：

卷帘月挂一钩斜，愁到黄昏转更加。

独坐小窗无伴侣，凝情羞对海棠花。

意思是说，黄昏的时候，一轮弯月高高挂在天上，四周显出一派凄清的景象，我的心境就更加愁闷了。一个人孤单寂寞地坐在小窗前面，没有亲人，也没有伴侣，只有失神地对着庭院中盛开的海棠，为青春和爱情的逝去而哀伤。诗人触景生情，对自己不幸的婚姻，感到无比的悲伤，以致面对海棠花她都觉得羞愧了，可见其愁苦之深广，实在是无法排遣。

该诗《其七》又云：

月筛窗幌好风生，病眼伤风泪欲倾。

写字弹琴无意绪，踏青挑菜没心情。

诗人说，春夜里，微风伴随着月光从窗帏吹到屋内，我的眼睛本来就被悲哀哭坏了，现在经此冷风的吹刮，泪水又要流洒出来。心情真是恶劣透顶了，不仅写字弹琴毫无意趣，就连女伴们约我去效外踏青挑菜，我也提不起精神来，只好婉言谢绝了。可见诗人被愁苦折磨，几乎完全失去了对生活的乐趣。无论日夜，她都感到慵懒烦闷、无精打采。

朱淑真最后在该诗第十首里写道：

自入春来日日愁，惜花翻作为花羞。
呢喃飞过双双燕，嗔我垂帘不上钩。

诗人是在直接诉说，自己从开春以来没有一日不是在愁苦中度过的，以前自己非常喜爱春天的花朵，可是现在却变成羞于赏花了。无奈屋梁上一双双春燕带着欢快的叫声，飞来飞去，还嗔怪我把自己一直关在屋里，不出来欣赏外面美好的春光！在诗句中，朱淑真用自己从惜花到羞花和双燕嗔人，衬托出自己无边的愁苦，使之加深加浓到了极点。这愁苦不但使朱淑真愈加孤寂落寞，而且也使她愁怀伤身，令如花的容颜日渐憔悴凋零，既羞于赏花，也不愿被双飞双宿的春燕勾起自己伤心的心事。由此可见，朱淑真由不幸婚姻产生的愁苦，真是苦大无边了。沈雄《古今词话》曾引《女红余志》载云：“钱塘朱淑真自以所适非偶，词多幽怨。每到春时，下帏趺坐。人询之，则云‘我不忍见春光也’。”朱淑真这《春日杂书十首》，正是她这种幽怨感伤心态的具体描绘。

朱淑真对丈夫纳妾的行为，由春到夏一直气愤难消，愁苦不堪。她的《羞燕》一诗云：

停针无语泪盈眸，不但伤春夏亦愁。
花外飞来双燕子，一番飞过一番羞。

诗人说，夏日烦闷无聊，本来想做一点女红来排遣心事，可是刚拿起的针线不觉就在半空停住了，只有默默无语地泪流满面。我不但为伤春而深感痛苦，也因夏日带来了长长的忧愁。从花园那边飞来一双亲昵的燕子，好像是要羞辱自己的孤独无伴，这般的愁苦叫人怎么消受得了啊!

她的《暑夜》也说：

水亭相对已黄昏，静数飞萤过小园。
窗下孤灯自明灭，无聊独自懒扃门。

意思是说，夏日黄昏在水亭边乘凉，独自一人百无聊赖，静静地计数着飞过小园的萤火虫；深夜回到寝室，窗前那盏孤灯也任由它自明自灭。我一个人愁苦烦闷啊，就连闺房的门也懒得伸手去关上。如此，诗人便把自己在暑夜里慵懒的心绪和愁闷无聊的情状极为生动传神地表达出来了。

朱淑真的愁恨及至秋冬，仍然连绵不断。她的《秋夜闻雨三首》其一说：

似箭撩风穿帐幕，如倾凉雨咽更筹。
冷怀倚枕人无寐，铁石肝肠也泪流。

意思是说，秋夜里狂风大雨，冷风像利箭一般吹进帐帘里面，大雨使打更人的声音也变得低沉呜咽，如泣如诉。这等秋风秋雨是多么的悲凉、凄切啊，我忧愁得怎么也无法入睡，纵使是铁石肝肠的人，也会被这愁惨的景况催逼得流下泪来!

该诗第二首又说：

竹窗萧索镇如秋，雨滴檐花夜不休。
独宿广寒多少恨，一时分付我心头。

意思是说，竹窗总是像深秋一样凄凉冷落，大雨虽然渐渐转小，但屋檐下的雨水仍然淅淅沥沥，整夜不休。一想到自己深居简出，多少的忧伤和遗憾都纷纷涌到心头，令人如何消受得了啊！

接着，该诗第三首又这样写道：

似篾身材无事瘦，如丝肠肚怎禁愁。
鸣窗更听芭蕉雨，一叶中藏万斛愁。

诗人说，因为丈夫娶妾后自己独居忧伤，身体日益消瘦了，形状就像竹篾一样弱不禁风，而细小如丝的肠肚更难承受那千愁万绪啊！你听，整夜的横风斜雨吹得芭蕉东歪西倒，不断敲打在窗门上，好像每一片叶子也都藏有诉不尽的忧愁。朱淑真不但直诉自己因愁苦而致身体瘦弱的情状，而且还移情于物，用雨中芭蕉的忧愁托出自己彻夜失眠、忧思憔悴的痛苦。

朱淑真的病愁，在《清瘦》一诗里更有进一步的描述。其诗云：

春花秋月若浮沤，怎得心如不系舟。
肌骨大都无一把，可怜禁驾许多愁。

诗人说，不管春花秋月有多么美丽，我都一律视作水上的泡沫，瞬即便告破灭，因为无论怎样也无法使自己的心绪舒坦平静，像那没有牵系的舟船一样自由自在地行驶。我现在病弱到全身的肌骨都剩不下一把了，可怜还要超载着无边无际的哀愁。可见朱淑真受愁恨交织的侵扰，从精神到肌体都遭到极大损害，诗中抒发了一种无可奈何的悲哀情怀。

昏黄渗淡，断尽心肠

朱淑真因为丈夫纳妾一事，不但精神受尽折磨，而且身体也被摧垮了，甚至双眼还因长年累月的恸哭流泪而受到严重的损伤。她在《秋夜有感》一诗里即记下此事：

哭损双眸断尽肠，怕黄昏后到昏黄。
更堪细雨新秋夜，一点残灯伴夜长。

诗人诉说，她因愁肠寸断极度悲伤，以致把一双美丽的眼睛都恸哭得快要毁坏了，自己十分害怕黄昏后去面对那昏黄渗淡的浓重暮色。这冥冥的秋夜，霏霏的细雨，更教人倍感寂寞与凄凉，她孤单的身影默默地与一点残灯相伴。随着窗外恼人的风雨度过漫长的黑夜。朱淑真用点睛的笔法，画出自己极度愁情和哀伤的形象，令人看到一颗受伤的心灵在不断地流血和颤动。

最后，朱淑真觉得再也不能忍受这种了无时日的折磨，她决心离开丈夫和丈夫的小妾，一个人回家乡去过独居的生活。她的《秋日述怀》

就是这样决断的宣言：

妇人虽软眼，泪不等闲流。

我因无好况，挥断五湖秋。

诗人说，我们妇女虽然心地善良，但是眼泪绝不自流。我因为遇人不淑，丈夫不好，决定回家独居，到太湖一带去寄情山水，忘却世间的一切烦恼与尘俗。

朱淑真下了决心回家乡去，虽然前途未卜，但总算有了一个重新开拓生活的希望，她把这个希望视作挽救自己命运的唯一出路。于是朱淑真在极度的愁恨之中，又有了精神的寄托，她盼望着这一天的到来。她的《秋日登楼》咏道：

梧影萧疏弄晚晴，残蝉凄楚不堪听。

楼高望极秋山去，溢眼重重叠叠青。

意思是说，梧桐在秋日的晚晴中，摆动着稀疏的身影，几声零碎的蝉鸣十分凄凉悲楚，听了叫人心寒。我登上高楼的顶层，眺望远处的秋山，故乡那边满眼都是重重叠叠的青山绿树，真令人心潮起伏，盼望早日归去啊！

终于朱淑真等到丈夫又一次被调往别处任官的机会，便借口自己身体不好，要回杭州养病，并探望双亲，不再跟随丈夫继续宦游了。而朱淑真的丈夫纳了小妾，有了新欢，早就对朱淑真不闻不问了，而且她愁病憔悴，又没有生育儿女，是去是留，都不关重要；相反，若果仍带她在身边，可能还会碍手碍脚呢！于是事情出奇顺利地解决了。等到春暖花开时节，朱淑真的丈夫带着小妾远游赴任，而朱淑真则独自回到杭州娘家暂住。

由此看来，朱淑真的丈夫不仅学识浅薄，为官钻营，为人庸俗，而且贪财好色，无情无义，几乎置朱淑真于死地。那么他究竟是何许人氏呢？朱淑真丈夫的姓氏，史无记载，已无从稽考，只能从朱淑真诗词的描述中，勾勒出他的部分侧影。但近年内地有一位青年学者提出，朱淑真的丈夫，是南宋宣教郎主管佑神观汪纲侍御史。

关于汪纲其人，该青年学者据《宋史·汪纲传》转述，汪纲，字仲举，黟县人（黟县与休宁县宋时同属新安县），汪勃之曾孙。汪勃，《宋史》亦有传，字彦及，为枢密使，与秦桧不合，求去不允。卒封新安郡开国侯，食邑一千五百户。汪纲则以祖任入官，淳熙十四年中诠试，调镇江府司户参军，其后历任湖南、桂阳、兰溪、太平、淮东等地官吏，又“进直焕章阁知绍兴府，主管浙东安抚司公事兼提点刑狱……兼权司农卿，寻直龙图阁。绍定元年召赵行在……权户部侍郎。越数月，上章致仕，特畀二二秩守户部侍郎仍赐金带卒”。又言其有著作《恕斋集》、《左帑志》、《漫存录》（令俱不存）云云。

论者凭什么指认汪纲是朱淑真的丈夫呢？

其一是汪纲在担任浙东提刑官吏时，曾有祈雨灵异一事。据说（汪纲传）和《宝庆会稽续志》均有记载，言及当地天旱，汪纲到龙瑞宫祷雨，忽有怪物蜿蜒于祭坛上面，是神龙所变，于是汪纲对怪物说：“吾欲雨而已，毋为异以惑众。”言犹未了，雷雨大至，当年农事获得特大丰收。朱淑真《喜雨》一诗，即记此事。

其二，朱淑真诗《代送人赴召司农》和《卧龙》，均与汪纲事迹相合。汪纲曾任司农卿，“卧龙”亦指上述祈雨时遇盘卧于祭坛上之怪物。

此外，朱淑真诗《月台》、《题斗野亭》、《题四并楼》等，皆是朱淑真随夫宦游绍兴和扬州时的登临之作，等等。

于此可见，论者确实是“言人之所未言”，但她从史书上拉出一个汪纲来“匹配”给朱淑真做丈夫。因为从史载汪纲的生卒行状中，与朱淑真的生平事迹以及诗词所述的内容，几乎完全相悖。譬如《汪纲传》说，汪纲于淳熙十四年中诠试，然后调任各地做官，但朱淑真早于淳熙七年左右就已死亡，终年约为四十五岁，而汪纲七年以后才应试封官，如果他们是夫妻，那么只有老年的朱淑真的亡灵嫁与年青的汪纲，并随他宦游各地了。而且汪纲有著作数部，是颇有文才学问的人，怎会配不上才女朱淑真、令她感到“所适非偶”、无遇知音、不能互相酬唱呢？像朱淑真这样“才色冠一时”的奇女子，若嫁汪纲为妻，为何汪纲传中只字未提？显然，朱为汪妻的说法，全属论者乱点鸳鸯谱的主观臆想。至于上述把朱淑真几首诗作，指与汪纲事迹相合，也极为牵强附会，全无科学根据。所以此说难于成立，不可相信。不过，把历史上两个不同年代、毫不相关的男女，拉在一起认作夫妻，也颇为有趣，因此聊记于此，也许能为朱淑真研究开辟一条新的思路。

凄美爱情，悲剧上演

朱淑真与丈夫分房而居之后，丈夫又纳妾进门，夫妻矛盾旋即发展到了顶峰。朱淑真一方面更加怨恨丈夫的粗鄙和对她的不仁不义，另一方面又与丈夫娶回的妾氏关系紧张。妾却得宠不让人，朱淑真便把对丈夫的怨恨也同时发泄到她的身上，声言“鸥鹭鸳鸯作一池，须知羽翼不相宜”，决不与丈夫的妾氏长期生活在一处。因此，丈夫调职携妾赴任时，朱淑真就不愿再跟丈夫同行了。

大约次年春暖花开的时候，朱淑真终于独自回到杭州，与分别多年的父母兄嫂等人团聚，其悲喜情状自然不必言说，而其个人感情生活则进入了一个新的阶段。

朱淑真在未嫁前曾经有过一个恋人。他年青有为，一度寄住她家读书应试，是她认定的理想佳偶，可是因为种种原因，终被父母劝阻，而强迫她嫁与现在的丈夫。但是她“所适非偶”，怨恨丛生，夫妻毫无感情可言，是封建的婚姻关系把他们无形地锁在一起罢了，因此她十分憎恶这个丈夫；因为嫁了这个丈夫，令她失去了原来钟情的恋人，所以每当她愁苦烦闷之际，便自然怀念起昔日的恋人了。朱淑真在怨恨交集的哀愁生活中，并不甘心就此悒悒而殁，而是不顾封建礼教的束缚，奋起抗争，试图找回自己失去的幸福。于是，她想方设法与旧日的恋人恢复联系，无奈朱淑真随夫宦游在外，与旧情人远隔千山万水，音讯实难相通。现在她已单独回到旧家，她对昔日情人的爱火就更加炽热地燃烧起来。

我们这样叙说朱淑真婚后仍有婚外恋，也许有人会斥骂为大胆的臆说，但是我们确实是经过多方面的考证，自信绝非是无征妄断之言，而是有情有信的。为什么这样说呢?

首先，朱淑真具有反叛封建礼教的思想。我们从朱淑真作品中的遣句用字，抒怀托意方面，就可窥见她是一个敢怒敢言、不畏诽谤的强硬女性，在古代的封建社会里，她可以说是一位大胆、开明的女子。后人或说她“淫佚”，或替她辩诬，全都根据一首《元夕·生查子》词。其实，这首词并非朱淑真所作，不能据此论断。我们应当从朱淑真的其他诗词中加以探索，从而发现她的思想、性格与行事的真实。例如：

乍得好凉宜散步，朦胧新月弄疏明。

——《闲步》

更深露下衣襟冷，梦到阳台不奈醒。

——《夏夜有作》

但愿暂成人缱绻，不妨常任月朦胧。

——《元夜》

莺莺燕燕休相笑，试与单栖各自知。

——《恨春》

这些都是大胆率直、不畏人言的心声。再看她的《七夕》词：

拜月亭前梧叶稀，穿针楼上觉秋迟。

天孙正好贪欢笑，那得工夫赐巧丝。

这里说出女子之拜织女，是盼望织女恩赐良缘，因急于拜祭，又恐佳期延误，故觉秋迟也。然而织女与牛郎一年一见，哪得工夫赐人巧丝呢？写法极为坦率，直道女儿心态，在古代的妇女创作中，极为少见。再如她非常有名的《清平乐·夏日游湖》：

娇痴不怕人猜，和衣睡倒人怀。

最是分携时候，归来懒傍妆台。

朱淑真生于礼教比唐代森严的南宋时期，竟能在文字上如此大胆地描述，可以想见她的行谊，应该是敢作敢为的。所以，朱淑真婚外恋情的说法，我们认为是可以理解的。况且，我们研究朱淑真，当不应受到传统礼教的规范，因为她本身的行事，就是一个反传统的特殊例子。

其次，朱淑真的诗作，有许多倾诉了她对情人的思念。上文已经记述，朱淑真婚前已有情人，然而又如何可以推断她婚后仍有婚外的恋情呢？我们的依据，仍是朱淑真自己的说话。她的诗作，大部分为相思情语；词作方面，更几乎全为怨曲恋歌。这些相思之作，不胜枚举，以数量为言，绝不可能是她在未婚时写的。上文已经说过，她与丈夫没有共同的酬唱，而且情爱的表达，在诗词中又颇见隐晦，没有可能是寄予丈夫的作品。据此，她的相思之作，当然是为情人而写的。其中有几首比较明显见出是婚前的作品，已如前述；至于绝大部分的作品，便很难划分时期了，但情意的真诚，却处处可见。下引两首是较具代表性的作品：

《冬夜不寐》

推枕鸳帏不耐寒，起来霜月转阑干。
闷怀脉脉与谁说，泪滴罗衣不忍看。

《恨别》

调朱弄粉总无心，瘦觉宽余缠臂金。
别后大拚憔悴损，思情未抵此情深。

这类作品真是多不胜举，每首作品，又都是情真意切，并不是偶尔吟风弄月之作。她对情人的思念是很明显的。再看她的《寄别》诗：

吟笺谩有千般苦，心事全无一点通。
窗外数声新百舌，唤回杨柳正眠中。

这里反用了李商隐《无题》诗中的“身无彩凤双飞翼，心有灵犀一点通”，意境缠绵。这类的词句，除非是寄与她的情人，别人是不适用的。此外，她的《春词》又云：

人间何处无春色，只是西楼人未归。

《对雪一律》更说：

更念鳏居憔悴客，映书无寐奈愁何。

这就更加明显地表示，这未归的人及鳏居的憔悴客，当是她的情人。这两首作品，尤其是后者，不似少女笔调，如此相思之作，必然是婚后写给情人的。

第三，朱淑真诗词中的相思之作，大都写得相当暧昧和隐晦，那是她的婚外恋情遭受外来压力的结果。朱淑真有大量的诗词之作，是诉说深闺的寂寞，或独居的幽怨，最著名的有《减字木兰花》一词：

独行独坐，独唱独酬还独卧。伫立伤神，无奈轻寒著模人。此情谁见？泪洗残妆无一半，愁病相乃，剔尽寒灯梦不成。

词中所言，为何原因孤独？为何人何事弄致愁病？其所思又是何人？都写得十分隐晦。此外，如“夜深无伴倚空楼”（《春夜感怀》）、“独坐小窗无伴侣”（《霜夜》）、“凤帏寂寞无人伴”（《菩萨蛮》）、“独对孤灯恨气高”（《闷怀》）、“苦羞双燕影穿帘”（《伤别》）以及“魂飞何处临风笛”（《长宵》）等词句也都愁情满腔，相思情切，却又含蓄隐晦，不便直说。这样的例子真是不胜枚举。这说明朱淑真的婚外恋情，受到外来的压力而欲说不能的情状。

现今不少学者，如张璋、黄畬、卢元骏、周宗盛等人，则根据朱淑真这类描写深闺寂寞、相思寄情之作，认定为朱淑真与丈夫仳离、返回母家后，再与旧恋人续缘或另结新欢。但我们却不同意这种推测。因为我们在前面第四章已经说过，在宋代礼教森严的社会里，妇女是极少有人离婚的，朱淑真至死仍悒悒抱恨，若她真的与夫家仳离而重投恋人怀抱，则积怨之心结已解，《断肠集》中的相思之作，当不再需要写得如此暧昧；她的凄苦与无奈，也不会贯穿在她的全部作品之中了。虽然中间也偶有一两首欢情之作，如《清平乐·夏日游湖》的“携手藕花湖上路，一霎黄梅细雨”，以及《鹊桥仙·七夕》的“微凉入袂，幽欢生座，天上人间满意”等，乃是朱淑真作品中少有的欢乐句子，但似乎也仅是昙花一现的光景，始终是如抽刀断水般地继续着她的无尽的哀愁与苦闷。

上述以为朱淑真与丈夫仳离重拾旧欢的学者，因为不能自圆其说，又提出她被情人抛弃，所以有如此大量的悲怨诗句，还特别举出：“待封一笔伤心泪，寄与南楼薄幸人”（《初夏》其二）及“从今始信恩成怨，且与莺花作交谈”（《恨春》其三）为例证。然而，对于这种说法，我们仍是不敢苟同。查“薄幸”一词，古来乃作男子自喻风流，或女子对情人的恨语；而在古代妇女的文学创作中，“薄幸”两字也常为女子所喜欢采用，可作爱极而恨的解释。杜牧《遣怀》诗：“十年一觉扬州梦，赢得青楼薄幸名。”秦观的《满庭芳》：“漫赢得青楼，薄幸名存。”洪升《长生殿·怂合》：“从来薄幸男儿辈，多负了佳人意。”唐女诗人郭绍兰的《寄夫诗》：“我婿去重湖，临窗泣血书。殷勤凭燕翼，寄与薄情夫。”以及清代黄绛云的《如梦令·忆外》：“书永心愁如病，望断天涯归信。薄幸惯飘零，空把金钱卜尽。愁听，愁听，人道重阳时近。”等等，都是女子恳切盼望夫婿早归的埋怨语，虽用“薄情”或“薄幸”一词，然缱绻之情，溢于言表。故“薄幸”可为女子思念情人爱极而恨的痴语，不必一定含有“抛弃”的意思。我们在朱淑真的其他诗词之中，很少找出她因被抛弃而愤慨的恨语，反之，婉约、思念之情怀溢于言表，处处可见。我们推想，朱淑真与情人的关系，可能由于外来的种种压力，被迫若即若离，使她情怀悲切，爱恨迭生；而在诗词中的表现，则尽量采取欲说又止、含糊其辞的隐晦笔法，以宣泄不可抑止的真实情感。

此外，朱淑真对丈夫的怨恨，以及她与情人的再续旧情，正如我们在上一章所说，还因为她的丈夫另外娶妾，留下朱淑真独守空房，更加深了她对丈夫的反叛与报复。特别是后来丈夫又携妾远仕，朱淑真单独回到娘家暂住，就更加有了发展婚外恋情的机会。

诗词赏析

《落花》

连理枝头花正开，妒花风雨便相催。

愿教青帝常为主，莫遣纷纷点翠苔。

《千家诗》编选者大概是一些老儒，他们选的诗，士大夫气浓，头巾气冲，重男轻女，对于才女们的诗几乎不选。但奇怪的是，他们不选李冶、薛涛、鱼玄机，也不选李清照，却偏偏选了两首朱淑真的诗。这让一贯喜欢八卦的江湖夜雨不禁相信起原来一直不大相信的传闻——朱淑真是朱熹的侄女。前面一再说过，《千家诗》选编者最“粉”程朱，只要和程朱有关系的，优先录入。

曾“娇痴不怕人猜，和衣睡倒人怀”，也曾“月上柳梢头，人约黄昏后”，做出一系列放纵大胆、惊世骇俗的举动。

《千家诗》的旧本原注说：“花正开而芳姿艳丽于连理枝头，如少年夫妇燕婉和谐也，花开而遇嫉妒之风雨相催，百花摇落如夫妇不幸，中道分离乖阻也，安得青帝常主四时，使连理花常开并蒂，而无风雨纷纷之摇落也。”对于朱淑真来说，她对“连理枝”的态度，前后是大不一样的。

少女时的朱淑真，对将来的另一半要求挺高的，她有首《秋日偶成》诗这样写道：“初合双鬟学画眉，未知心事属他谁。待将满抱中秋月，分付萧郎万首诗。”

哪知期望越大，失望越大。据载，朱淑真后来嫁了个庸俗不堪的商人，明《尧山堂外纪》中称：“其夫村恶，蘧篨戚施，种种可厌。”对于这几句的注解，不妨借柏杨先？笔下的文字来诠释：“巧妇嫁了拙夫，真是人间最大的不公平，人人见了都要跺脚，盖深惜之也。像《断肠诗词》的作者朱淑贞女士，以一代才女，竟嫁了个不识之无的庄稼汉，死后她的丈夫把她的诗稿词草，一把火烧掉，其愚如猪，虽把他碎尸万段，不能消心头之恨，跟那种男人同床共枕，简直是奇耻大辱……”

《菩萨蛮·咏梅》

湿云不渡溪桥冷。蛾寒初破东风影。溪下水声长，一枝和月香。人怜花似旧，花不知人瘦。独自倚栏杆，夜深花正寒。

梅花是“岁寒三友”之一，往往被描写成中华民族坚贞、高洁等美好品性的诗化象征。朱淑真写过不少这方面的作品。这首《咏梅》词是体现朱淑真“清新婉丽、蓄思含情”（宋代魏端礼评语）之优秀风格的代表作。

在冬末春初的一个夜晚，词人情思悠悠地漫步郊野，抬头高瞻，只见几朵带雨的乌云一时凝聚在天空；低首近观，小桥下溪水潺湲，又给人增添了阴冷的感觉。就在这时一阵轻寒恍如幽影冲破了东风乍暖的气氛，使人更感到寒意森森。“蛾寒”之“蛾”在此通“俄”，为俄顷、不久之意，如《汉书·外戚传下》：“（孝成班倢伃）始为少使，蛾而大幸为倢伃”。因之，“蛾寒”犹轻寒、嫩寒之意，别本于此即作“嫩寒”。另有学者认为“蛾”可指蛾眉，用以比喻弯月；此言一弯新月刚刚破云而出，那被东风吹拂的梅树摇曳着多姿的身影（韩秋白）。可备一说。桥下绵延不断的哗哗溪流之声送来一片幽香，这幽香弥漫在朦胧的月光之中，沁人心脾，涤人魂魄，令人流连，催人升华，使人意绪翩翩，不能自已。此词本为咏梅而作，但却正如人们所赞赏的——它竟全篇不直言“梅”字，而着意挑出幽柔之“香”以涵概梅花的独特气韵，诚如宋人沈义父《乐府指迷》所言“咏物词最忌说出题字”，本篇正得其妙（印有志）。妙就妙在着一“香”字既突现了梅花芳馨幽艳的卓异风标，连同“和月”一起且又给人以嗅觉、视觉、味觉、触觉并生的通感联想。强调梅的“一枝”独秀，不仅有如林和靖赞梅名句“众芳摇落独暄妍”的高妙，展现了梅树凌寒傲骨的幽姿逸韵，而且跟词作的抒情主人于下片“独自倚栏杆”也暗相扣合而发人深思。

词人于春寒料峭时，面对这疏影中流溢暗香的花枝直抒心意：梅花啊，我对你深深爱念的满腔热忱一如过去而始终未变；可是你哪里知道（你怎会料想到）我却日益腰肢瘦损而身心憔悴了！（这个聪慧多情的女词人在婚恋生活上是很不幸的）。李清照有过脍炙人口的名句“帘卷西风，人比黄花瘦”。从修辞学上评析，它是一般的比喻句，是个明比修辞格。朱淑真这“花不知人瘦”则是别出心裁的拟人句，在赋予“花”以人性的同时，又巧妙地渗透了词人对花的情愫。透过字面上似乎埋怨“花自无情，人自多感”的形态，折射着抒情主人寄意于花、期盼于花、渴望人间理解、希求人世温馨……等等多重意象。在词人这看似哀怨、悲凄、忧悒、惆怅乃至“情绪偏于低沉”的表象下，不正流荡着一个女人赤诚而热烈的心潮吗？果然，结句写道：夜深了，连不畏苦寒的梅花尚且因寒气包围似乎瑟瑟有声，而本已瘦弱伶仃的女词人竟思绪联翩无法拥衾入睡，还在“独自倚栏杆”。独倚无眠是在搏击寒风，是在思索人生，是在追寻世间的“知人”者啊！联系女词人另外一些咏梅佳句，“明窗莹几净无尘，月映幽窗夜色新。唯有梅花无限意，对人先放一枝春”；“病在眼前俱不喜，可人唯有一枝梅。未容明月横疏影，且自清香寄酒杯”，可见词人确实跟梅花早已情深意挚，其“人怜花似旧”绝非虚语；而埋怨“花不知人瘦”乃责备梅花不该忘却自己这钟情于人世生活的忠实伴侣。可见词人的爱梅咏梅正是她热爱美、热爱生活、热爱现实人生的艺术体现。这种外“冷”而内热的感人形象，是女词人对宋词、对中国文化的可贵贡献。所以她赢得了在宋词史上与李清照齐名的崇高地位。

第六章 千古绝唱，难以企及的艺术高度

《史记·李将军列传》曾引谚语曰：“桃李不言，下自成蹊。”以此比喻为人真诚，自能感动他人。同样，富有艺术魅力的优秀诗文，自然会传颂千古。朱淑真的诗词，在她死后辑集刊行，一直深受后代文人的珍视，给予的评价也很高。

花的意象与朱淑真的人格

朱淑真是宋代著名的女诗人和词人，其作品题材颇为广泛，咏物、写景、闺阁、咏史等都有涉猎。其以花木立题的咏物诗词最多，超过五十首。而在此之中，又以咏花诗为最。

朱淑真的家境颇为富裕，从其诗作中可以看出，她家中有“东园”、“西园”、“西楼”、“水阁”、“桂堂”及“依绿亭”等建筑，而且身边又有侍女服侍左右，过着大家闺秀的生活。朱淑真曾经自谓道“拨闷喜陪尊有酒，供厨不虑食无钱。”（《江上阻风》）足可以窥见其生活的安逸，家境的富足。其家庭成员有父母和兄嫂，且都擅于吟诗作赋。良好的家庭氛围，使她从小受到艺术的熏陶，音律、书画、诗词，无一不通，长成一个才色兼备的女子。

虽然朱淑真的物质生活优越，但是精神世界却十分的空虚和寂寞。她原本有一恋人，却因为封建礼教的戕害而被迫嫁给了一位庸俗官吏。有情人不能终成眷属的无奈，所嫁非人的痛苦，使其“一生抑郁不得志”，最后“悒悒抱恨而终”。但是她那种不甘于命运，顽强与封建礼教相抗争的精神却如花香般永远绕在我们心间。

在中国封建社会里，女性几乎失去了受教育的权利，同时也失去了人格的独立，被钳制在“女子无才便是德”的狭小空间里，然而朱淑真却有幸生活在一个富裕的书香之家。家庭氛围的宽松，使她的思想和行为没有受到过多的压制，内心充满了对爱情生活的无限憧憬。春去春来，花谢花开，她出落成一位浪漫多情、才调出众的女子。然而爱情理想的破灭，婚姻生活的孤寂，使她更多地借诗词来抒发内心的愤愤不平和对于美好生活的追求。

朱淑真的诗词题材颇为广泛，绝不仅限于闺怨伤春一类的作品，有生动明澈的咏物诗词、俊逸高雅的写景诗词、婉丽真挚的闺阁诗词、精炼独特的咏史诗词等。其中，以花木立题的咏物诗最多，超过五十首。在此之中，又以咏花诗为最。朱淑真诗词中提及的花主要有：桃花、李花、梨花、杨花、海棠、长春花、杏花、芍药、荼蘼、蔷薇、莺花、丁香、榴花、后庭花、牡丹、荷花、兰花、菊花、桂花、芙蓉、梅花等二十多种。四季之花跃然纸上，花与人融为一体，心物相通。花已经成为诗人心灵的客观对应物，一层层凝聚着深刻的含义，展现了其敢于反抗封建压迫，追求独立爱情生活的心灵境界。

桃花：阳春三月，桃花盛开，我国自古以来就用桃花来象征春天。它芳菲烂漫、妩媚鲜丽，与绿树婆娑的垂柳相映衬，形成了桃红柳绿、柳暗花明的春日胜景。朱淑真却借桃花表达了另外一种情怀。“一天飞絮东风恶，满路桃花春水香。”（《鹧鸪天》）描绘了一幅春日桃花凋谢图。一整天都刮着无情的东风，吹得柳絮纷飞，桃花满地，连溪水里也飘着花香。从字里行间我们可以看出，诗人对于桃花的怜惜，对于美好春景的留恋，隐含着对破坏美好生活恶势力的厌恶与憎恨。“尽是刘郎手自栽，刘郎去后几番开。”（《窗西桃花盛开》）这里朱淑真用了刘禹锡《游玄都观诗》中“玄都观里桃千树，尽是刘郎去后栽”的意境。这里的“刘郎”应是她的情人。“刘郎”亲手栽种的桃花，已经开了好几回了。年复一年，花谢花开，却始终不见他回来。这里诗人借刘郎手栽的桃花表达了对情人的思念和离愁之情。

李花：花香淡雅清幽，与桃花相比，韵味相承又各具特色。桃花疏落有致，而李花簇拥密集，连枝满树，熠熠生辉。李花象征纯洁美丽，自古深受人们的喜爱，常与桃花并称“桃李”。朱淑真除了欣赏李花美丽的外表外，更看中其独特的精神。“小小琼英舒嫩白，未饶深紫与轻红。”（《李花二首》其二）白色的李花虽然很小，但它却敢和深紫与轻红一较高下。这里诗人以李花自喻，虽然自己和李花一样渺小，但是却不畏惧强大的外在压力，敢于反抗不满的现实，追求独立的人格。

梨花：唐代诗人岑参曾将白雪比喻成梨花：“忽如一夜春风来，千数万树梨花开。”梨花的洁白高雅，受到众多人的推崇，朱淑真亦然。她将梨花和愁绪联系在一起，“梨花细雨黄昏后，不是愁人也断肠。”（《恨春五首》其五）看着细雨黄昏后的梨花就想起了自己满腔的愁怨，即使没有忧愁，也会因此而变得惆怅断肠。比如“不忍卷帘看，寂寞梨花落。”（《生查子》）这里诗人不忍心卷帘去看梨花，因为怕飘落的梨花勾起自己的寂寞之苦，生动传神地表现了内心的矛盾之情。

杨花：也称柳絮。传说隋炀帝时下令开凿运河，号召民众在河岸植柳，并给以奖励。于是百姓争植，岸柳成阴。隋炀帝为了显示他的威风，就举行了亲自植柳的仪式，并挥御笔书赠柳树姓杨。于是以后柳树便被称为杨柳了。自然，柳絮也就成了杨花。“杨花搅乱少年心，怕雨愁风用意深。”（《又绝句》）飘落的杨花搅乱了少年的心事，杨花怕雨愁风，正如诗人自己一样。虽然内心有对于爱情的渴望，但是又不敢和父母吐露自己的心声，只能埋藏在心底。尽管外界的压力给了她严峻的考验，但是其内心对于爱情的理想追求却是无可动摇的。

海棠：花开二三月间的海棠，以艳丽的色彩取胜，有“国艳”和“花中神仙”的美誉。苏轼曾写下如此感叹：“只恐夜深花睡去，故烧高烛照红妆。”朱淑真常常将海棠与自己的离愁别恨相关联，如“芳草池塘初梦断，海棠庭院正愁加”（《春词二首》其一）、“寂寂海棠枝上月，照人清夜欲如何”（《春日杂书十首》其一）等诗句中多次出现

"愁"、"寂寂"等字眼，无不透露着诗人内心的寂寥。诗人看到海棠，就想到自己生活的寂寞和无奈，充满了无限的惆怅之感。

长春花：姿态优美，花朵多，花期长，花势繁茂。从春到秋开花从不间断，所以有"日日春"之美名。"一枝才谢一枝殷，自是春工不与闲。纵使牡丹称绝艳，到头荣瘁片时间。"（《长春花》）长春花一枝才谢一枝又开，充满了勃勃的生命力。而牡丹尽管有着艳美的外表，却难免瞬间凋零。这里诗人宁可作一长春花，也不愿作美艳绝伦而瞬间销殒的牡丹花，表现了自己对荣华富贵的淡然。

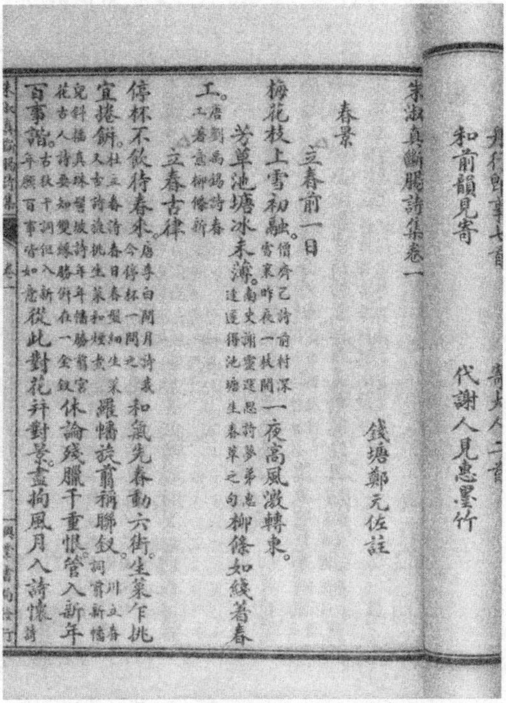
朱淑真斷腸詩集卷一
錢塘鄭元佐註
春景
立春前一日
梅花枝上雪初融。一夜高風激轉東。芳草池塘冰未薄。柳條如綫着春工。
立春古律
停杯不飲待春來。和氣先春動六街。生菜乍挑宜捲餅。羅幡旋翦稱聯釵。休論殘臘千重恨。管入新年百事諧。從此對花并對景。盡拘風月入詩懷。

朱淑真断肠诗集 十卷 后集

杏花：花色多为粉红，艳态娇姿，占尽春情。"隔岸谁家修竹外，杏花斜袅一枝红。"（《下湖即事》）"斜袅"二字将杏花的媚态写的生动传神，栩栩如生地再现了其袅娜的姿态。"绿杨影里，海棠亭畔，红杏梢头。"（《眼儿媚》）这三句通过对春景的描写，婉转地抒发了诗人的惜春情绪，并且构思新巧，清新和婉，含蕴无限，别具一格。

芍药：花色鲜艳，花香馥郁，形似牡丹，被称为"花中之相"。"芬芳红紫间成丛，独占花王品第中。"（《芍药》）芍药花如火如荼的开放，红紫相间，煞是好看，可以堪称花王。诗人由此表达了对于芍药的情有独钟。

荼蘼：花色美艳，古人亦以“国色天香”赞咏之。“当此际，意偏长，萋萋芳草傍池塘。千钟尚欲偕春醉，幸有荼蘼与海棠。”（《鹧鸪天》）这美丽的春景让朱淑真沉醉，幸好有艳丽的荼蘼使诗人从春醉的状态中缓过神来。

蔷薇：又名白残花，花色较多，花香诱人。“飞葩散乱拥栏香，万朵千枝不计行。”（《蔷薇花》）蔷薇花拥栏而开，散发出阵阵清幽的香味。诗人喜爱其茂盛的生命力，千枝万朵，不计其数。

莺花：“从今始信恩成怨，且与莺花作谈交”（《恨春五首》其三），孤寂的生活已经使诗人把往日的恩情转化成了怨恨，这一切无人能够倾听，唯有和莺花交谈，借此表达内心无限的愁思。

丁香：我国最常见的观赏花木之一，花香袭人。据说在宋代就已广泛栽培，为人们所喜爱。“百结丁香夸美丽，三眠杨柳弄轻柔。”（《晴和》）丁香花绽放于百花斗妍的仲春，芳香袭人，花繁色丽。诗人喜欢丁香的淡淡美丽，表现了其淡然的审美观。

榴花：花开在五月，以其独特的花色，在阳光的照耀下，竞相如火如荼的怒放。火红的花，在绿叶的衬托下，更显娇美。“榴花照眼能牵恨，强切菖蒲泛酒卮。”（《端午》）这个季节，大部分花都已经凋谢，而榴花依然盛开着，欲与太阳试比高。看着榴花，诗人内心流露出无限的感慨，仿佛榴花能将诗人的内心看透，并且牵着她的幽恨。

后庭花：原本是一种花的名，因多是在庭院中栽培，故称“后庭花”。后庭花花朵有红白两色，其中开白花的，盛开之时使树冠如玉一样美丽，故又有“玉树后庭花”之称。杜牧《泊秦淮》曾有诗云：“商女不知亡国恨，隔江犹唱后庭花。”南北朝时陈后主因作《玉树后庭花》亡国，因此后庭花被视为亡国之音。“岂意为花属后庭，荒迷亡国自兹生。至今犹恨隔江唱，可惜当时枉用情”（《后庭花》）。诗人以花喻事，借古讽今，表现了她对于国家前途的忧虑之情，对于南宋统治者“西湖歌舞几时休”的担忧，并且希望统治者能够吸取前车之鉴，不要步其后尘。

牡丹：雍容华贵，兼有色、香、韵三者之美，被称为“花中之王”。唐朝人犹爱牡丹，曾在牡丹花开季节，举行牡丹盛会，长安人倾城而出，如醉似狂。刘禹锡就写下了“唯有牡丹真国色，花开时节动京城”的佳句，描绘了这一盛况。周敦颐《爱莲说》中写有：“牡丹，花之富贵者也”，展现众人以牡丹花开富贵荣的心态。朱淑真《牡丹》：“娇娆万态逞殊芳，花品名中占得王。莫把倾城比颜色，从来家国为伊亡。”前两句写了牡丹妖娆的姿态，后两句则笔锋一转，引用了倾城倾国的典故，《汉书·外戚传》载李延年歌：“北方有佳人，绝世而独立。一顾倾人城，再顾倾人国。宁不知倾城与倾国，佳人难再得。”诗人将咏物与咏史相结合，从历史的角度地审视牡丹。历来人们将具有倾城美貌的女子比喻为亡国的红颜祸水，诗人却认为不要把一切责任都归结于女子，可见其不同于一般人的独特见解和宽容的气度。

荷花：花香四溢，花叶清秀，迎骄阳而不惧。所以荷花在人们心目中是真善美的化身，故而广大文人墨客都以荷花“出淤泥而不染，濯清涟而不妖”的高尚品质作为激励自已洁身自好的座右铭。朱淑真同样对荷花喜爱有加，如“微凉待月画楼西，风递荷香拂面吹。”（《纳凉桂堂》其一）诗人在纳凉时，闻见随风扑鼻而来的荷花香味，顿觉心旷神怡。如“暑气炎炎正若焚，荷花于此见天真。”（《荷花》）炎炎夏日，酷暑难熬，但是荷花却能在这样的酷热中盛开，诗人爱其不为恶劣环境而折腰的精神。

兰花：以素净、纯朴、单一的色泽著称。六月吐芬芳，花香幽雅，历来受到文人墨客的推崇。孔子将兰花比作怀德的君子，看重其“芝兰生幽谷,不以无人而不芳，君子修道立德,不为穷困而改节”的品格。朱淑真：“幽芳别得化工栽，红紫纷纷莫与偕。”（《乞兰》）兰花的幽幽之香不是化工所能剪裁的，红色和紫色是不能与它相比的。诗人借兰花的清香和与众不同的美丽，表达了自己高洁的品质。

菊花：从古到今，文人雅士和园艺家多用极富表现力的辞藻赋予了菊花以更高境界的审美情趣。当百花开始凋残，菊花于秋风中默默绽开。菊之高洁，在于它傲霜独立。“园林草木半含黄，篱菊黄金花正吐。”（《秋日行》）满园萧瑟，只有菊花不畏秋寒，依旧吐蕊盛开，表现了诗人不甘于寂寞，勇于反抗的精神。再如“回旋秋色溥情露，凌厉西风洁嫩霜。莫作东篱等闲看，清新曾结广寒香。”（《白菊》）这首咏菊的诗，通过秋之凌厉，突显了菊花不畏严寒的可贵品质。

桂花：花小却清香飘逸，芳香馥郁，故有“独占三秋压众芳”等赞美之词。“弹压西风擅众芳，十分秋色为君忙。一枝淡贮书窗下，人与花心各自香。”（《秋夜牵情六首》其四）桂花在秋日里压倒西风而傲然开放，诗人喜欢其淡淡的幽香，摘一枝放在书窗下，真是“人与花心各自香”。在此诗人极力赞美桂花力压西风的高贵品质。

芙蓉：于晚秋开花，此时别的花多已凋谢，而它却拒霜怒放，所以也称为拒霜花。芙蓉花大色美，尤为难得的是一天内花色数变。“满池红影蘸秋光，始觉芙容植在旁。”（《芙蓉》）时值秋日，芙蓉花拒霜开放，倒映在池塘里，诗人只觉得满池的红影在眼前摇曳，有种如梦如幻的感觉，表达了对于芙蓉花的喜爱。

梅花：我国十大名花之一，尤以风韵美著称。每当冬末春初，疏花点点，清香远溢，与松、竹并称为“岁寒三友”。朱淑真《除夜》有“争先何物早？唯有后园梅”之句，她认为梅是春的使者，最先将春的信息带给人间，寄托了她对美好生活的希冀。“梅花枝上雪初融，一夜高风急转东。”（《立春前一日》）这首诗写出了春雪初融后映日梅花的清秀、顽强之态，生动地再现了梅花在“高风急转东”中挺立的风姿。在春天这个充满生机的季节里，跳跃着让人欣喜的音符，再现了作者对于未来美好生活的渴望和自信。

以上仅仅列举了具有代表性的几种花，朱淑真诗词中提及的花远远不止这些。从上面所举的例子可以看出，对于花这一意象，朱淑真是满怀情感的，她将自己的喜怒哀乐寄托于花之上。在其作品中尤以花为意象的咏物诗最多，由此可见她对于花这一意象的喜爱之情，以及借此抒发了内心独特的感受和人格魅力。花与人融为一体，朱淑真就是一朵美丽的花，在其身上散发出坚强勇敢、勇于反抗的香味。

朱淑真诗词中涉及最多的花意象是梅花。享有“花之魁”美誉的梅花，具有形神兼备，色香俱佳，独领天下春的风姿；玉骨冰心，圣洁高雅，俏也不争春的品格；不畏严寒，坚韧顽强，争报人间春的精神。梅花是古人常用的审美意象，它以曲折多姿的形态，经霜耐寒的特性受到文人墨客的喜爱。诗人借助这客观之象，融进自身的主观之意，赋予梅花各种美好的品格，体现其独特的人格魅力。

当天寒地冻，万物凋零的冬季来临之时，唯有梅花仍然傲雪怒放。梅花孤高清洁，坚韧顽强的精神与朱淑真自身的性格不谋而合，梅花成了她常常歌咏的对象。梅花这个意象在朱淑真的诗词中，一方面以真实的梅花存在，作装饰、观赏之用；另一方面以抽象的精神存在，作寄情、抒怀之用。

作装饰、观赏之用的梅花，有贴于眉心或插于发髻之上，用来修饰容颜；亦有插于瓶中或植于庭院中，作观赏之用。爱美之心，人皆有之，更何况像朱淑真这样的才女，对于自己的容貌肯定十分的在意。“就朱淑真的兴趣而言，她在意自己的美貌，具有明显的自恋倾向”。正所谓“女为悦己者容”，说明了古代社会封建女性美容化妆的目的。“梅花成为装饰女性容颜的饰物，可见于《太平御览·时序部》引《杂五行书》：‘宋武帝女寿阳公主日卧于含章殿檐下，梅花落公主额上，拂之不去。……宫女奇其异，竞效之。今梅花妆是也。’从此，梅花妆便成了女性美化自己的一种方式，在宋代梅花文化中也占有不容忽视的一席之地。”朱淑真作品中也多次出现描写用梅来修饰容颜的诗句。“只有宫娃无一事，每将施额斗妆匀。”（《梅花二首》其一）诗人将梅花贴于额上，更增添了一分清幽之美。“酷爱清香折一枝，故簪香髻蓦思维”（《秋夜牵情六首》其五）、“自折梅花插鬓端，韭黄兰茁簇春盘”（《又绝句二首》其一）将新鲜的梅花插于发鬓之上，更显幽美。清香的梅花为朱淑真增添了几分雅致，几分清秀，但她作品中所描绘的梅花妆不仅只是宋代女性容颜的一种外在修饰形式，而是与她内在的情感相关联的。其《睡起二首》其二写道：

懒对妆台拂黛眉，任他双鬓像烟垂。
侍儿全不知人意，犹把梅花插一枝。

这是朱淑真写自己的懒妆，“任他双鬓像烟垂”，无拘无束，自然而可爱，露出了天然本色。她在懒妆中追求的是一种超脱了世俗约束，返回到自然的洒脱和自由的境界。作者的个性在此得到了充分的表现，但是“不知人意”的侍儿却“犹把梅花插一枝”，与其愿望相违背的。在不喜梅妆的反常行为中显示了作者追求自然的人性之品格。又如《探梅》：

温温天气似春和，试探寒梅已满坡。
笑折一枝插云鬓，问人潇洒似谁么？

天气温暖如春，梅花已经开满了山坡，萧条的严冬呈现出一片春的烂漫生机。那探梅的人禁不住春情荡漾，折一枝插在云鬓，潇洒自然。梅装饰着人，生动美丽而妩媚妖娆。那闪现在人脸上的笑和询问时的自信，将内心深处洋溢的青春朝气和魅力尽情地释放出来。

梅以其花色雅洁、香味清幽，枝干挺拔俊秀，富有与众不同的审美观赏的独特风韵和魅力，很早就成为观赏性花木，被广为种植。观梅、赏梅成为文人雅客的重要生活内容。朱淑真诗词中提及梅花的意象，都是在通过观赏梅花的形态之后，有感而发所成的。如“竹里一枝梅，映带林逾静”（《卜算子·咏梅》），这一景致的描绘与“蝉躁林愈静，鸟鸣山更幽”有异曲同工之妙。

作寄情、抒怀之用的梅花意象，主要是以梅花自喻。梅花傲雪耐寒，孤高绝俗，有着高洁自爱的君子情操，正是诗人所要追求的理想境界。作为封建社会的女子，被禁锢在男权的世界里，失去了属于自己的自由和独立。在理学盛行，贞节观念极强的宋代，朱淑真敢于以自己的实际行动来反抗封建礼教的压迫，并发出了那个时代的最强音：“宁可抱香枝上老，不随黄叶舞秋风。”

朱淑真之所以喜爱梅花，一方面是因为梅花有“独尔花开”的“雪精神”，同时因为它表里如一，不伪饰，不矫情。“梅花恣逞春情性，不管风姨号令严。”（《雪二首》其一）诗人以赞赏的眼光歌颂了梅花那种不畏外界压迫，仍然恣意开放的精神。从这首诗里我们可以看出，朱淑真借梅花向我们传达了她不畏封建势力，勇敢追求自己幸福的梅花精神。再如“松松丽日约余寒，春向梅边柳上添”（《春日杂书十首》）、“秀色暗添梅富裕，绿梢明报竹平安”（《雪晴》）、“雪从庾岭梅中尽，春向隋堤柳上来。多少园林正萧条，纷纷争逐趁时开”（《新春二绝》其一），这里用“添”、“暗添”、“争逐”的拟人化手法来描写梅花生机勃勃的状态，体现了大自然勃勃的生命力，也表现了诗人内心对于自由生活的向往。又如《梅花二首》其二：

消得骚人几许时，疏离淡月着横枝。

破荒的皪香随马，春信先教驿使知。

诗人在一个淡淡的月光之夜，来到稀疏的篱笆之前，欣赏那横枝伸出的梅花，惊叹古往今来多少文人墨客，都为梅花的幽香与高洁所折服。梅花使驿站上的信使，最先得到春的消息。诗人在此写梅，不在形似，而重神似，侧重表现梅花横枝的神韵，盛赞了梅花的幽香冲破冰雪，最先向人间报春天的精神。诗人在此慰藉自己，虽然身处不幸的婚姻当中，但是只要心存对美好生活的希冀，总有一天也会冲破世俗的偏见而获得新的生活。

大多数人赏花只能领略其自然美，为花的外在绚丽的色彩、诱人的香气所吸引，却不能发现花的内在之美。朱淑真却将花的外在之美与内在之美看得十分透彻，于花中感悟人生，抒发性情。

朱淑真生于南宋初期，当时北宋被金所灭，赵氏仓惶于江南一隅建立了南宋。在内忧外患的情况下，南宋统治阶级却依旧过着歌舞升平的日子，“直把杭州作汴州”。而宋朝统治者不思进取，安于享乐的思想则助长了敌人的嚣张气焰，加深了内部阶级矛盾。“南宋时期的政治风气，如同处于半壁江山之中而又无能复国的偏安时代一样，显得相当萎靡。志在复土的辛弃疾曾为之痛心疾首，但一般的文人却没有辛弃疾那样的‘丈夫气’，他们将关注时局的焦虑目光转而投向自身，对于自己的精神雅化问题颇为重视，这使那时代的文人士大夫生活风调显得文雅精致。”这种对于生活方式和生活情调的重视，必然渗透到处于弱势的女性一方，对女性审美和女性文学产生一定的影响。

“在外患纠结困扰中步步退让、屈膝求和的软弱氛围和党争激烈的政治环境中谋求生存的宋代文人，其审美观已经由盛唐恢宏绮丽、昂扬奋进、卓蹈一世之特质转趋瘦削清寒、雅洁清丽，由外向而转入内省，注重追求主体人格内在道德心性修养的完善。”于是霜天雪地、瘦枝冰花的梅花进入宋代文人的审美眼光，成为宋代文人纷纷歌咏的对象，成为人格精神的寄托。“宋代创造了空前绝后的咏梅盛况，无论数量和质量都达到了一定的高度，仅陆游一生所作的咏梅诗就有165首。”陆游以梅自喻，有著名的咏梅佳作《卜算子·咏梅》：“驿外断桥边，寂寞开无主。已是黄昏独自愁，更著风和雨。无意苦争春，一任群芳妒。零落成泥碾作尘，只有香如故。”陆游笔下的梅花，在驿站、断桥边独自忍受着寂寞与孤独。然而，恰是这样恶劣的自然条件造就了梅不争春，碾成泥土也香如故的的高洁品质和敢于蔑视一切的精神。这种富有时代特色的审美时尚和文化追求必定影响到宋代女性文学的审美。

中国是梅的原产地，栽培历史悠久，但是梅花从自然界一般的小乔木进入审美观赏的邻域，却经历了一个比较漫长的过程。“梅超越其功利的目的以花与树的美的品质引起人们的注意，据记载是在汉代。魏晋以来，随着中国文化进入‘人的自觉’、‘文的自觉’时期，梅花不仅作为一种普通的花木在园林艺术中获取了一席之地，被园艺家称为‘梅始以花闻天下’，变成了人类生活中审美关照的对象，而且也成为文人们关注、热爱、歌咏的对象，从而确立了梅花在人类精神世界的审美地位。到了宋代，崇尚瘦削的审美时尚以及迅速繁荣的江南文化，使生长在南国温和地域的梅花上升为花中君子，受到文人墨士的宠爱，在文学艺术的园地里，得以尽显梅的风神英姿，形成了历史上蔚为壮观的梅文化的鼎盛局面。”北宋中期，经过苏轼等人的吟咏，梅花君子意象得到进一步深化。苏轼写了大量咏梅诗，如《再和杨公济梅花十绝》：“人去残英满酒樽，不堪细雨湿黄昏。”其诗带有强烈的主观性，体现苏轼咏梅诗中高洁之志与孤寂之感交渗一体的感情取向。到了南宋，国势飘摇，社会动荡，士人阶层涣散零落。诗人在受挫时感到尘世的不如意，于是寄情于山林，渴望过一种与世无争的生活。宋人林逋就是其中最典型的代表。他爱花到了痴狂的地步，竟以梅为妻。他虽满腹经纶，却不求功名利禄，隐世独居，种梅养鹤。“疏影横斜水清浅，月光浮动月黄昏。”（《山园小梅》）一句堪称咏梅的千古佳句。

居于主导地位的宋代男性，其审美情趣的转变，必然影响着宋代女性的审美观。因此，宋代女性文学作家在文学艺术创作过程中，在继承男性咏梅诗的基础之上，又发展了梅这一传统意象，融入了女性独有的细腻感受。朱淑真的《念奴娇》：“应念陇首寒梅，花开无伴，对景真愁绝。”寒梅无伴的情形，其实是诗人自己的婚姻生活的写照，因此孤寂忧愁之感油然而生。这种富有女性审美价值的咏梅作品，是对咏梅题材富有开拓性的发展。

翻开中国文学史，女性作家能够载入文学史的很少，而能够穿透历史藩篱、超越历史约规的更是少之又少。朱淑真作为理学昌盛时期的宋代女作家，在封建礼教重压下坦率展露内心、大胆释放个人情感，其胆识和勇气令人钦佩。她寄情于花，借花抒发着对封建纲常的蔑视，赋予花以新的生命力，花已经成为其精神品格和人格魅力的化身。

“封建社会妇女受政权、族权、神权、夫权四条绳索的束缚，而束缚宋代女性的还多了一条民族压迫的巨大绳索。”与此同时，宋代理学盛行，对于女性的压迫也越来越重，使得宋代的贞节观念极强，婚姻更是“父母之命，媒妁之言”。

宋代的理学经历了一个发展的过程。如北宋周敦颐在《通书》中主张君臣父子夫妇人伦之说：“君君臣臣父父子子兄兄弟弟夫夫妇妇——万物各得其理然后和，故理先而乐后。”在理论上倡导等级观念，从而加强了对妇女的压迫。司马光亦宣传男尊女卑的观点：“夫天也，妻地也；夫日也，妻月也；夫，阳也，妻，阴也。天尊而处上，地卑而处下；日无盈亏，月有圆缺，阳唱而生物，阴和而成物——故妇专以柔顺为德，不以强辩为美也。”同时提倡妇女要具备六德：“为人妻者，其德有六：一曰柔顺，二曰清洁，三曰不妒，四曰俭约，五曰恭谨，六曰勤劳。”程颐、程颢也特别看重妇女的贞节，极力反对女子在丈夫死后再婚。“饿死事极小，失节事极大”，认为女人宁可死，也不能失节。他们的理论在朱熹那里得到进一步发展，他提出了“忠臣节妇”、“盖闻人之大伦，夫妇居一，三纲之首，礼不可废”、“夫有出妻之理，妻无弃夫之条”等理论，进一步加强了对女性的压迫。这些封建礼教所宣讲的“三从四德”，使得“女性的地位和个体意识被无情地遏止戕害并为男性的意志所强加，女性作为人的主体意识消解于男性主体意识之中，失去了自由和独立性”。

在中国的封建思想中，男尊女卑的观念其实早已经深入人心。《易经·系辞上》曰：“天尊地卑，乾坤定矣。卑高以陈，贵贱位矣。动静有常，刚柔断矣。……乾道成男，坤道成女；乾知大始，坤作成物。”《易经》从理论上确定了男女尊卑的地位。孔子有言曰：“唯女子和小人难养也”。他认为女性是和“小人”一样道德品质低下，可见当时社会对女性的不屑与蔑视。同样，《仪礼》不但提出了“夫者妻之天也”的理论，还提出了“妇人不二斩”的主张。这些儒家经典实际上确定了女性从属、附庸的社会地位，丧失了人格的独立。在封建社会，女人为男人所掌控，成为男性完全可以自由支配的私有财产。对于男性主体来说，女性只不过是一种等同于自然界客体的有生命的存在物，是传宗接代的一种必要工具，是空闲之余的一种消遣玩偶。从此，身处人伦关系下位的女性，被迫放下自己作为人的主体地位，成了男性的附属品，失去了人格的独立。

其实在人类社会的发展史上，女性曾经享有崇高的地位和至高无上的权利，有过母系氏族辉煌的过去。但是随着生产力的发展，人类社会从母系社会进入父系社会，女性的光辉渐渐被男性所遮盖，便失去了原有的光辉，失去了原有的权利和地位。正如恩格斯在《家庭、私有制和国家的起源》中所说：“母权制的被推翻，乃是女性的具有世界历史意义的失败。”从此，女性被迫退出社会政治舞台，成为男性的附属品，在“从父”、“从夫”、“从子”中孤独沉默地过着与世无争的生活。

“纵览我国古代历史，春秋战国和魏晋都是人性解放的时期。在春秋战国时期，诸子百家思想争鸣驱散了上古神笼罩世界的阴霾，使人从神秘走向现实，从黑暗步入光明，从蒙昧进入文学。”“魏晋时期是我国历史上又一个重要的人性解放时期，它不仅使文学逐渐疏离功利目的的政治教化，成为抒写性灵具有很高审美价值的独立的艺术形式，使文学进入了‘自觉时代’；更为重要的是，习惯在统一的礼教和伦理道德规范下生存的人们由此开始深度地审视和认识来自生命个体的精神欲望满足的存在价值和存在方式，寻求在社会政治、伦理生活之外的个人日常生活，从而迎来了我国古代人的觉醒时期。”因此，魏晋拉开了人性觉醒的序幕，深刻地影响着此后我国的封建社会。

魏晋名士反对虚伪的礼法、礼教，追求真实、自然的人生。这种生活态度和由此表现出的鲜明的个性特征，强烈地吸引和影响着宋代女作家，使她们传统的生活模式在潜移默化中发生着变化。朱淑真对魏晋名士洒脱自然的风度也是推崇备至。其《题四并楼》诗写道：“日知光景无虚度，时觉清风满座生。庾亮据床谈兴逸，仲宣倚栏客愁轻。”历侍三朝的东晋士人庾亮，不仅是一位握重兵、平逆乱威震一代的大将军，而且颇有魏晋名士潇洒自然、情趣高远的风度。朱淑真对于他那种消散淡然的处事态度十分的欣赏，希望能像庾亮那样过着“据床谈兴逸”的生活。

宋时隐居于杭州西湖孤山的林逋，对朱淑真的影响更为深刻。林逋一生不仕不娶，以种梅养鹤为乐。时人说他“以梅为妻，以鹤为子”，“梅妻鹤子”的佳话因而留传千载。他平时的生活除了养鹤，就是种梅、赏梅、咏梅，沉浸在自己创造的幽然世界里，世人所谓“梅妻鹤子”真是实至如归。林逋爱梅成癖和遗世独立的品性成为梅苑中的佳话，同时也受到爱梅者的一再歌咏。朱淑真曾作诗《吊林和靖二首》其一感慨道：

不见孤山处士星，西湖风月为谁清。
当时寂寞冰霜下，两句诗成万古名。

这首诗从咏梅到咏爱梅之人，在咏人中婆娑着梅的英姿，梅与人已经交相辉映，融为一体。有着孤傲性格的林逋却受“寂寞冰霜”之苦，与傲霜斗雪清神远韵之寒梅交相辉映，画中梅、梅中人、人中花交织为一体。诗人对林逋不为世俗牵绊，高洁孤傲的精神十分赞赏，表现出自身要以梅花傲雪独立的品格鞭策自己，做一个像林逋那样的品德高尚的人。

朱淑真咏花不仅仅是简单地描摹花的外在之美，更注重花的内在之美。她借花怡情、抒怀从中感悟人生。诗中所咏之花，是其自身的写照。这种身心与花的交融，体现了诗人敢于反抗封建压迫，追求独立爱情生活的心灵境界。

朱淑真有幸生活在富裕的家庭中，有机会去识字，接受教育。在这样相对自由的家庭环境下成长，她过着无忧无虑，天真浪漫的生活。同时这样的环境也塑造了她那任性、倔强的性格。“妇人虽软眼，泪不等闲流。”（《秋日述怀》）她认为女子虽然很容易被感动，但是眼泪却不是随便流的。对于封建礼教所宣讲的“三从四德”，“女子无才便是德”，朱淑真极为不满，在许多作品中都表现出她的愤慨不平与反抗精神。

朱淑真这位才情横溢的宋代才女，勇于用许多士大夫都不敢用的诗词来表现个人的“私情”,敢于反抗封建礼教，追求自由的爱情。由于其行为违背了封建伦理道德秩序，“其死也，不能葬骨于地下，如青冢之可吊，并其诗为父母一火焚之，今所传者，百不一存”。千百年来，人们对她褒贬不一。南宋人魏仲恭曾因听到旅人传诵朱淑真诗作，感其“清新婉丽”，遂辑成集，名曰《断肠集》。他在《朱淑真诗集序》称赞道：“间有天资秀发，性灵钟慧，出言吐句有奇男子之所不如……清新婉丽，蓄思含情，能道人意中事，岂泛泛者所能及。”对她不幸的一生表示深切的同情，曾扼腕叹息道：“自古佳人多命薄，岂止颜色如花命如叶耶!”清代的文学评论家陈廷焯在《白雨斋词话》中说道：“朱淑真词，才力不逮易安，然规模唐、五代，不失分寸。如《年年玉镜台》及《春已半》等篇，殊不让和凝、李珣辈，惟骨韵不高，可称小品。”而陈廷焯在《词坛丛话》中所言的“宋妇人能诗词者不少，易安为冠，次则朱淑真，次则魏夫人也”，此话将宋代女性文学的最杰出代表作了一个较为确切的评点。

综上所述，对于花这一意象，朱淑真是满怀情感的，她将自己的喜怒哀乐寄托于花之上。在其作品中尤以花为意象的咏物诗最多，由此可见她对于花这一意象的特殊关怀，借花向我们传达着她那对美好生活和独立人格的心灵追求。

《断肠集》的幽怨

在《断肠诗集》关于春景的诗中收录了许多应该是朱淑真在少女时代的作品。比如《春园小宴》、《立春前一日》、《春游观鱼亭》等。在这些诗里，透出了她作为女孩的天真无邪、无忧无虑的幸福生活。因为诗集名为"断肠"，其中记录的多是诗人婚后的孤苦情怀。可以说诗人的每一个字，每一句话都在倾诉心中对婚姻、对社会、对礼教、对女子低下地位的不满和抗争！在这声声泪句句苦的诗词中，反映她小时候幸福生活的诗句就显得无比珍贵！而这些诗句也给我们认识这位南宋时期著名的女诗人提供了历史场景。

作为一个风华绝代的才女，她待字闺中时，也该有与众不同的思想抱负。可惜因为她因父母之命、媒妁之言嫁给了一个非心中所爱之人而把幽怨寄托爆发在了言辞中，致使在那个时代被认为是不守妇道却败坏门庭家风的不祥之人！同时，在行动上她做了一件令封建卫道者咋舌并惊恐害怕的事：向包办婚姻说了一个"不"字！用非凡的勇气脱离"三纲五常"，离开夫家，成了历史上第一个离婚女子。

但是，勇敢让她步入了不幸人生。在一片声讨声中，她郁郁而终在浙江海宁路仲老家，一生诗稿伴随着她生命的结束而付之一炬，埋没了绝世才华。

而今，读着《断肠诗词》，重走诗人心路历程，不由辨别了其中滋味，试着对诗人作一个从少女到婚后生活的初步解析。

春景卷中第一首诗为《立春前一日》：

梅花枝上雪初融，一夜高风激转东。
芳草池塘冰未薄，柳条如线著春工。

盛开着梅花的枝头积雪刚融化，吹了一夜的西风因春的到来而急转为东风。小草已吐新芽，显出春意，池塘里寒冰依旧；而纤若细线的柳条围着池塘借助春的伟力悄悄滋长。整首诗写了春将来时她家园中景象，通篇未有一丁点心情愁闷之意，当为她少女时期心思淡然的作品。朱淑真家境优越，可说是富甲一方。家中建有两个花园：东园与西园。据路仲朱家老人说，靠近亭溪河的朱家东园曾有一口池塘的记载，从诗中那句“芳草池塘冰未薄”来看，这首诗中之景应该是描述东园春景。

在这首诗中，我们看不出诗人任何心情。但是，另一首《春园小宴》却淋漓尽致的表现了女诗人不知愁苦为何物的少年心思。

人生在世，不管生活清贫还是富贵，抑或庸碌愁苦，总有那么一段快乐时光可以值得一生回味。尽管朱淑真半生沉浸在无法排解的愁苦中，但童年生活象平常人一样充斥着童心贪婪的快活以及倍受家人爱护的幸福。《春园小宴》描述的就是和亲人们在花园中赏花观景宴饮的快活情景：

春园得对赏芳菲，步草粘鞋絮点衣。万木初阴莺百啭，千花乍坼蝶双飞。

牵情自觉诗毫健，痛饮惟忧酒力微。穷日追欢欢不足，恨无为计锁斜晖。

朱淑真早慧俊美，从小喜爱诗词。但她作为大家闺秀，少不得受教条约束。封建时代闺中女子是不得随便抛头露面的。即使在家中，亦是轻易不下绣楼！所以，难得有家宴设在春天的花园里，她自是开心不已。从诗的开头一句，即可看出朱淑真家教森严的一面。“春园得对”反过来就是“得对春园”。一个“得”字，就形象的道出了女子下绣楼都必须得到父母的同意！而女孩对花草的情有独钟令朱淑真面对满园春色早心向往之。“步草粘鞋絮点衣”不但道出了她满心欢喜轻移莲步踏入春园的第一感觉，而且用词轻快，同时有在句中化用了杜甫《二月一日》诗中“轻轻柳絮点人衣”的意思为“絮点衣”。可见诗人读书功底已到了化他人为己用而更胜于他人的境界。“牵情自觉诗毫健”一句，在无形中透露了诗人恃才自负的一面，应对了她的自诩：“翰墨文章之能，虽非妇人女子之事，然性之所好，情之所钟，不觉自鸣尔”。

全诗最能体现她少年情怀的就是最后一句了。“穷日追欢欢不足，恨无为计锁斜晖。”在小宴上整日和亲人们和酒作诗的快乐直到夕阳西下时诗人仍然意犹未尽，竟然恼恨自己没有办法锁住落日余辉，让时间停滞下来！这样天真无邪却又无限丰富的想象力，只有在心情无比快乐时，在童心未泯时才会毫不拘束的喷涌而出。其实，每个人在少年时代对于美丽事物都有一种希冀它能长久留驻的贪婪，朱淑真也不例外。

那么，这首诗中的园子又是那一座呢？我们不妨再看另一首《春游西园》。诗是这样写的：

闲步西园里，春风明媚天。蝶疑庄叟梦，絮忆谢娘联。

踏草春茵软，看花红锦鲜。徘徊月影下，欲去又依然。

“草茵花红，蝶舞絮影”，与上一首诗中景物何其相似！展开联想，小宴之后女诗人独自留在西园闲步赏春。曲终人散，西园寂寂。正是这钟清静环境，最能让人神思潮涌。所以，诗人才会玄想翩翩：看着蝴蝶就问自己是不是做了一个庄周之梦？（庄周梦为蝴蝶，此蝶为庄周或庄周为蝶？不得而知也）——看见柳絮飘飞就联想起东晋女诗人谢道韫（《世说新语·言语》中记载道韫面对漫天飞雪竟然说“未若柳絮因风起”的比喻）。再看脚下草茵如席，眼前花红似锦，不知不觉，在忘情快乐中月亮已升上了夜空。尽管心里催促自己该回闺房了，但自己的影子却还在月光中徘徊。夜色蒙胧的西园美景让诗人无比留恋。

两首诗一对照，《春园小宴》中的园子即是西园无疑了！而这两首诗中所透露的色彩与心情，辞句的轻松欢快，当是她少女时代幸福生活的真实写照了。

历史上，朱淑真留传于世、烩炙人口的诗词，俱都停滞在闺中情思上，给世人的印象是她只是一个徘徊在情事烦琐中的小女子，整日萎困在愁云惨雾中不能自拔。她仿佛是一枝带雨梨花，面对阳光等待着中意情人的携手。其实，那只不过是当时环境使然，社会意识对女子的种种苛刻要求围困封锁了她思想中某些除情爱之外的鸿鹄之志。

中国古代成名于世并留芳千古的诗人名家，他们的言辞语句中多的是对家国兴衰的关注，并从中注入自己的豪情壮志：叹怀才不遇而报国无门！唯有朱淑真，似乎她的过人才思只局限在了个人情感的小圈圈；仿佛她这一生别无所求，惟是闺中情才是她最终追求！其实不然。文人多傲，并随时充满了生活豪情。朱淑真虽为女子，但同样有着不同凡响的理想追求。

整个《断肠诗集》中，只收录了她一首言志诗。诗题为：《春日亭上观鱼》。

春暖长江水正清，洋洋得意漾波生。

非无欲透龙门志，只待春雷震一声。

诗中并无说明诗人身处之地，乍看以为她在长江边。但结合诗题，其实这首诗描写的是诗人在家中花园池塘边观鱼是所见。“长江”只是诗人的联想而已。因为游鱼的自在，没有任何拘束，就象在茫茫长江中一样。鱼儿漾上水面带起水波，一点点，一圈圈，荡漾开去有如江面水纹。一般来说，鱼儿的思想，人是不知道的。但鱼儿自水底上浮，却表现了它不甘蛰伏的意思！有个典故叫做“鲤鱼跳龙门”。据史载《淮南子·修务训》中说：“江本有水门。鱼游其中，上行得过者便成龙。故曰龙门。”从鱼化龙的过程，是鱼的理想追求。被引入诗人句中，就成了影射诗人自己内心渴望化龙腾飞的非凡理想追求。这样的思想表现是无羁无绊的；是不受任何约束的酣畅淋漓！如此笔墨，说明了此诗为朱淑真待字闺中之作。

“只待春雷震一声。”春雷起处，自是大地苏醒、万物争春的一派新气象。而女诗人满腹经纶，旷世才华等身，自然心存未来，对人生充满自负。这一句，深深寓含了她对实现理想，跃过龙门那惊人时刻的渴望与期待。

也正是有了这样的理想抱负，虽然女诗人后来有生不逢时的感叹，出嫁后受尽情感折磨的经历，但就这一点傲骨和追求，促使她写出了那时代别的女子不敢表露的离经叛道的诗句：“欧鹭鸳鸯共一池，须知羽翼不相宜”的直诉，“宁可抱香枝上老，不随黄叶舞秋风”的反抗！这样的勇气，自是从她的“鱼跃龙门志”演化而来。

其实，如果把她的诗词放入现代，我们不难看出这就是朱淑真维护真我的个性体现！再如果她没有失意的婚姻经历，我想她的诗词也必将顺着她的追求等同于李清照、辛弃疾等与她同时代文人的大义气魄！

以今天的思想，今天的眼光来细细品味，她其实何尝不是在进行一场历史不认可的，却又气壮山河的斗争呢？为女性争取尊严、地位、自由的斗争！

赤日炎炎。走在繁华街头，花花凉伞，短袖清风舞裙摆；玉臂藕腿，好似阳春白雪。当然，这是现代文明里的街头女子风景。古时候呢？在《断肠诗》夏景卷里，闺中少女朱淑真的娇憨形象跃然而出。

夏日里，女人永远是这世界上一道最亮丽、最变幻的风景。从古至今，文人骚客在诗词歌赋中少不了对这道风景发出来自心底的感叹。朱淑真作为组成这道风景的一员，她又是如何用词语评述的呢？且看这一首《暑月独眠》：

纱橱困卧日初长，解却红裙小簟凉。一篆炉烟笼午枕，冰肌生汗白莲香。

这是一首诗人在夏日午睡的白描诗。女孩儿闺房是绝对清静的。在男女授受不亲的年代，大家闺秀的绣楼更是连家人都有所避违！所以，她才敢放心大胆无所顾忌的在闺房里卸却罗衫红裙午睡。古时女子喜穿肚兜，一旦除却衣衫，自是肌肤与竹席亲密接触，而竹凉自然透体而生。夏日多虫，点一炉清香以驱虫，是富贵人家常备的。朱淑真既貌若天仙，更是玉肌冰肤。何妨她自诩清高有如莲花出污泥而不染，少女天生体香从凝如白玉羊脂、滑若绸缎的肌肤里随夏日微汗浸润而出，自然胜过荷塘中白莲香而清新脱俗了。

另一首《夏枕自咏》里，却把个少女诗人午睡醒来的娇姿媚态表现得栩栩如生："衣轻香汗透，睡重翠鬟偏。"（'轻'作'薄'解）午睡醒来，香汗浸透了轻薄罗衫，髻鬟因睡觉也弄得歪斜杂乱了！这一句让人眼前顿现一副《睡美人》图中女子娇媚情态。而最后一句："起来无个事，纤手弄清泉"则更绝。淑真自小不爱女红，偏是"却亲笔砚与诗词"，醒来自是"无个事"做了。睡眼惺忪的少女云髻半偏，花冠不整，坐在水池边，伸出纤纤玉手拨弄清泉似的水，而水中又映出她那张被汗水浸洗过不曾梳洗的粉脸，淡娥眉颦、胭脂浓淡不匀，一股女孩儿憨态可掬的摸样。还有淡红衫子汗湿后粘贴着身体，隐隐闪现莹白肌肤，这真是“幽姿羞损婵娟女，异色孤芳潋滟湖”啊！

读着这不识愁滋味的诗句，竟然生出一种遐想：要是那时候有空调，不知女诗人午睡醒来后又是何等样风情？哈哈，那肯定是绝世无双的！

爱情，是一个美丽梦想。它封存在象牙塔中，那是永远的幸福！但当爱情走出象牙塔的幻想，现实又总是美丽的杀手。此时，爱情不再是幸福，而是一张痛苦绝望交织的网。

爱情相对于女人来说，一声都充满了神秘向往。她们细腻的心思从青春萌动时就开始编织设计爱情的浪漫台阶，为它们铺上七彩丝线。朱淑真也不例外。但恰恰相反，因为了她超越常人的才华，从她心中吐露对于浪漫爱情的构思，更是为爱情涂上了天边朝霞无比恢弘的色彩。

在她留存的诗中，时时处处流露出对心中情人的刻骨相思之情。这样的相思体现的不只是她作为女人的个人情感，而是代表了当时在社会礼教束缚下天下女人多情的一面。

作为历史上一个女性文学家，今天的我们只能用一把同情之泪来叹息她的生不逢时！而朱淑真对爱情叫板的诗词，却在那个时代被现实踩在脚下不得露头！甚至在历史上有人以“顾全”她的名节为由，把出自她内心独白的一首词《生查子·元夕》转嫁给一位不受“三从四德”礼教束缚的男性作家——欧阳永叔（即欧阳修）。让后世之人为此争论不休！凭这一点，多情的朱淑真就注定了她因情而困而痛苦而绝望的命运！

那是现实给予男女之间不平等区别的真实而有力的证明。

初合双鬟学画眉，未知心事属他谁。

待将满抱中秋月，分付萧郎万首诗。

“初合双鬟”是指女孩满16岁时。此时朱淑真已是亭亭玉立。古时女子，以“二八”年华相称此年龄段，喻示女子初长成。诗第一句说的是十六岁的朱淑真坐在镜子前学描眉。一支眉笔轻轻扫过淡娥，镜中的自己娇美清丽，环佩首饰衬托着情窦初开的桃腮，不由心中顿起对白马王子的描像。而镜中白马王子一变再变，“未知心事属他谁”。女诗人一时竟把颗少女心不知如何选择！

后一句则明确了朱淑真心中对未来夫婿的要求：一个才貌双全，有如东晋萧衍一样的男子。“待将满抱中秋月，分付萧郎万首诗”。意思是等到将来夫唱妇随时，一年到头有如怀抱中秋团圆之月，把自己写的许多诗篇交与丈夫共同欣赏。

试想，日日是满月，月光下夫妇对饮，作诗奏琴，琴瑟相合是何等浪漫之事啊！不光朱淑真有此想法，俺也曾有过这样的梦境。

自古才子佳人俱多情。多情造就了文学的繁荣，同时也让世上万物充满了灵性。花、鸟、鱼、虫、草，在多情者眼中因季节变异生发出不同的生命个性。它们在静态的、动态的世界里，行走时令之时糅合了多情男女的风花雪月。

可以说，少女时代的朱淑真是幸福的，充满幻想的。而在幸福中生发的幻想因为期望值太高，所以当现实击碎了那个飞入云彩之上的肥皂泡，自然万物也就成了她眼中凄迷的写照。

断肠诗女朱淑真的创作高度

南宋淳熙年间（1174—1189），文人魏仲恭来到江浙一带。他居于武林（杭州）客店时，听旅人纷纷传诵一位已故女子的诗词。这些诗词清新婉丽，蓄思含情，令人一唱三叹。从人们口中，魏仲恭得知女作者名为朱淑真。后来，他又从同时代人王唐佐所作的传记中了解到这个女性的不幸身世。出于爱才之心和对女诗人的同情，魏仲恭苦心搜集、整理她的作品，得诗十卷，名为《断肠集》。从此，断肠诗女朱淑真的名字和她的作品广为流传。

朱淑真在宋代是文名仅次于李清照的一位女作家。其作品留存下来的数量，在明代以前的女作家中居于首位。尽管朱淑真去世后家人将其诗稿“一火焚之”，致使“今所传者，百不一存”（魏仲恭语），但现在能够见到的仍有三百六十余篇。然而，历史上有关女作家的生平记载从来都是少之又少，有关朱淑真的个人资料同样极为欠缺，甚至连具体生卒年均无从知晓。宋代王唐佐所作的传记早已亡佚，如今只能从魏仲恭所辑朱淑真诗集序文的若干引述中知其大略，加之作品中留下的一点线索，可以为朱淑真的人生道路勾一轮廓。

朱淑真少女时代，梦想的是才貌双全、善解人意的夫婿，在诗中曾暗暗勾画过意中人的神采风流：“初合双鬟学画眉，未知心事属他谁。待将满抱中秋月，分付萧郎万首诗。”（《秋日偶成》）可是，父母之命、媒妁之言埋葬了她的梦幻，现实无情地把她抛向一个只知奔波仕途的俗吏。在她眼里，自己好比文采斑斓的鸳鸯，而丈夫不过是平庸的鸥鹭，两个才貌不相宜之人强成配偶，就好像鸳鸯鸥鹭强圈在一池。为此，朱淑真深感苦闷。婚后，她曾随夫宦游，远离家乡，抑郁之中写过不少诉说内心苦衷的诗章。如："从宦东西不自由，亲帏千里泪长流。"（《春日书怀》）"山色水光随地改，共谁裁剪人新诗。""对景如何可遣怀，与谁江上共诗裁。""此愁此恨人谁见，镇日柔肠自九回。"（《舟行即事七首》）虽与丈夫同行，但她思念故土双亲，精神颇感孤寂。

从作品中看，在朱淑真的生活中曾经出现过一位她所属意的郎君："门前春水碧于天，座上诗人逸似仙。白璧一双无玷缺，吹箫归去又无缘。"（《湖上小集》）在女诗人心中，那是一位有着超凡脱俗的飘逸风采、与自己相配恰如"白璧一双"的男子。在两相分离的日子里，朱淑真写下许多相思篇章，表现怀人心境。例如："双燕呢喃语画梁，教人休恁苦思量。逢春触处须萦恨，对景无时不断肠。"（《伤别》）"停针不语泪盈眸，不但伤春夏亦愁。花外飞来双燕子，一番飞过一番羞。"（《羞燕》）"窗外蛩吟解说秋，迢迢清夜忆前游。月华飞过西楼上，添起离人一段愁。"（《秋日杂书》）然而，对方似乎并不能回应她的一片衷肠。于是，女诗人由怅惘、失望而发出充满哀怨之情的叹息："吟笺漫有千篇苦，心事全无一点通"（《寄别》），"益悔风流多不足，须知恩爱是愁恨"（《秋夜牵情》），"待封一简伤心泪，寄与南楼薄幸人"（《初夏二首》），"从今始信恩成怨，且与莺花作淡交"。（《恨春》）

朱淑真最后死在自己父母家中。关于她的死，史籍上没有明确记载。魏仲恭《断肠集序》中有一段话似暗示她是投水而亡："其死也，不能葬骨于地下，如青冢之可吊，并其诗为父母一火焚之……呜呼，冤哉！予是以叹息之不足，援笔而书之，聊以慰其芳魂于九泉寂寞之滨……"

在这样一条人生道路上走过来的朱淑真，曾写下大量寄愁供恨之作。爱情婚姻上的不幸，成为她忧郁悲伤的根源。朱淑真的部分作品被魏仲恭辑录并名之以“断肠诗”流传后，作者在人们心目中的形象颇具“断肠人”色彩。然而，仔细品读这些作品便会感到，在这位女诗人忧伤的泪水、凄楚的情怀中，深藏着一颗孤高自负的心。她的部分创作难能可贵地表现了一定的主体意识和人格独立精神。

妇女，在封建社会里意味着卑贱与软弱。她们作为传宗接代的工具、侍奉男人的奴隶而生存，受着有形的压迫和无形的束缚。封建社会不仅不允许妇女拥有“人”的地位和权利，而且不允许她们具有“人”的独立意识。封建礼教在吞噬她们的生命的同时，窒息着她们的灵魂。一代又一代女性默默地生存，默默地死去，充当了黑暗王国的牺牲品。她们头脑中的主体意识是模糊的，甚至是完全失落的。反映到文学创作上，仅就婚姻问题而言，尽管世间有一些民歌表现了女性对自己婚姻的渴望和对不合理婚姻制度的不满，但在宋以前的文人创作和女作者的创作中，体现妇女人格平等和婚姻自主意识的作品为数极少。有条件读书识字的女性大都出身于中上层社会，所喜吟咏的多是离情别愁，风花雪月，有的则流露出惟恐失宠、被弃之意。面对不合理的婚姻制度，她们大都哀而不怨，或怨而不怒，有时虽也流露一点忧戚感伤，但基本上是在封建道德尚能容许的范围之内，无伤其大雅，无损己大德。

正是在对妇女传统婚姻命运的态度上，朱淑真的诗作突出显示了她一定的主体意识以及与众不同的个性色彩。比之于以往的女性诗人，显然有所超越。

朱淑真是个生性活泼多情的女子，礼教的束缚常常被她抛在脑后。她去游春探梅，“笑折一枝插云鬓，问人潇洒似谁么？”（《探梅》）；她在秋夜垂钓，“更作娇痴儿女态，笑将竹竿掷丝钩”（《秋夜舟行宿前江》）。当她沉浸在爱河中时，愈加唤醒了被压抑的本性，且看《清平乐·夏日游湖》一词中描绘的情景：

恼烟撩露，留我须臾住。携手藕花湖上路，一霎黄梅细雨。娇痴不怕人猜，和衣睡倒人怀。最是分携时候，归来懒傍妆台。

词中记述了与恋人游湖时的欢乐和分别后的抑郁情怀。夏日的西湖，风光迷人，清晨的景色更为清新。这对恋人携手并肩，漫步在荷花盛开的湖畔小路上，缱绻相依，如痴如醉，忘记了周围的一切。朱淑真另一首词《生查子·元夕》，则公然描绘了“月上柳梢头，人约黄昏后”的浪漫情景以及花市赏灯的元夜经历，以致成为后来的一些封建卫道士诬蔑作者“不贞”的所谓“证据”。试想，“携手藕花湖上路”、“娇痴不怕人猜，和衣睡倒人怀”，在理学昌盛的宋代是何等越轨的行为；“但愿暂成人缱绻，不妨常任月朦胧”（《元夜》），在禁锢人性的社会中又是多么放肆的表白！同是言情，李清照的“眼波才动被人猜”（《浣溪沙》）写出了封建时代闺阁小姐的矜持、羞涩，朱淑真的“娇痴不怕人猜”却是不加遮掩地表现出活泼、情笃的少女无所顾忌的个性特征。

大胆表露闺门女子的恋爱行为，“非分”的情爱心理，不能不说是对封建礼教规范的无视和一定程度上的叛逆，但相对来说这毕竟还是比较容易做到的。更为可贵的是这位女诗人对现实婚姻的态度。如果说她顺从家人意志嫁到夫家是不得已而为之的妥协之举的话，婚后夫妻不谐的精神生活却使她再也难以忍受。朱淑真没有像封建时代大多数女子那样低眉俯首，老老实实就范于“三从四德”、“夫为妻纲”的封建礼教，也没有抱着“嫁鸡随鸡，嫁狗随狗”的态度随遇而安，逆来顺受，而是十分痛切地感受到作为一个活生生的人在精神上的渴求。她嫁的是官吏，婚后生活闲适宽裕。这由她的诗词中从未流露过物质匮乏之忧亦可见出。但她终究不能够“安分守己”、听天由命，而是发出了响亮的决然抗争之声：

《黄花》

土花能白又能红，晚节由能爱此工。

宁可抱香枝上老，不随黄叶舞秋风。

宁可抱香老于枝上，也不做秋风的殉葬品。这是多么富于个性的声音！它出自一位妇人之口，不仅表明了朱淑真对封建礼教的蔑视，而且一定程度上意味着她对个人精神自由的自觉追求。朱淑真个性独立的主体意识在这里描上了重重的一笔。包办婚姻扼杀了她的青春，却不能降服她倔强的灵魂。她后来离开丈夫回到母亲家中，这是出于本人选择还是为丈夫所休，不得而知，但在朱淑真的作品中，是不曾有过失去人身依附的悲鸣的。还有一种说法，认为她最终是与丈夫离异了。倘若果真如此，更可以说是自主地选择了一条需要付出重大代价的抗争之路。显然，在朱淑真与包办婚姻带给她的生活命运相抗衡的努力中，有着一定的人格意识。封建时代无数妇女曾深受不合理婚姻制度之害，而家朱淑真这样纯粹基于精神上的不和谐而毅然反抗的女性，应该说是极为少见的。

朱淑真有大量伤时感怀之作，从内容上可以看出写于独居之时。这些篇章使人仿佛能够触摸到女主人公一颗失意、孤寂的心。例如她的词作《减字木兰花·春怨》：

独行独坐，独倡独酬还独卧。伫立伤神，无奈春寒著摸人。

此情谁见，泪洗残妆无一半。愁病相仍，剔尽寒灯梦不成。

作品从头至尾突出表现主人公的孤独惆怅之情。这是一种令人难耐的寂凉，伴随她的只有春寒、愁病、孤灯。在这样的时光岁月里，她的心自然备受剪熬。春时，她叹息“迟迟花日上帘钩，尽日无人独倚楼”（《恨春》）；夏日，她悲吟“此时情绪谁能会？独坐中庭夜已深”（《夏夜乘凉》）；秋夕，她抱怨“谁家横笛弄轻清，唤起离人枕上情”（《中秋闻笛》）；霜夜，她感慨“独坐小窗无伴侣，可怜霜月向人圆”（《霜夜》）。孤立地看，这类作品所映现出的多愁伤怀的主人公形象很容易汇人传统文学创作中所描绘的女性情态系列，但若联系作者在精神生活上的切实追求便会感到，朱淑真的忧郁哀伤与一般贵族妇女的无病呻吟或一些女子的闲愁闺怨是有区别的。她的痛苦不在于生活上形单影只缺少依靠，而在于精神上饥渴孤独难得知音。这里，不是一个自轻自贱的奴隶寻求主宰，而是一位有情感有个性的女子向往知己。即令少女时代的美妙幻想已被生活击得粉碎，她也不肯在婚姻上回靠礼教的高墙。对于自己在爱情上的大胆追求、“越轨”言行，她不曾表示忏悔，相反，所愤愤然的是“东君不与花为主，何似休生连理枝”（《愁怀》）。她的创作虽然不曾反映广大下层妇女经济生活的困顿和肉体上的痛苦，但在一定程度上道出了被压迫妇女心中潜藏的对自主婚姻的渴望。

按照有些人对魏仲恭《断肠集序》中关于朱淑真最后赴“九泉寂寞之滨”而死，以及家人不能正常地将其埋葬并且焚其诗稿等记述的分析推测，朱淑真有可能是自己选择了投水而死的人生归宿。果若如此，堪称以死殉志，这位女诗人内心之刚烈、意志之决绝更是可以见其一斑了。

朱淑真在婚姻问题上所表现出来的独立意识、自决姿态，使其忧戚感伤较之旧时代一般女性的多愁善感有了更多一些的社会内容。她不完全是在封建礼教的框架中理解女子节操，而是在一定程度上以人格独立精神追求人生与爱情。灵魂的倔强与女性在现实中地位的卑贱促成她的悲剧命运，但她毕竟有过自己的追求，发出过目己的声晋。

除了反映婚姻爱情命运的作品以外，朱淑真其他内容的一些创作也表现出这位断肠诗女实际上有着柔中寓刚的个性，有着高洁超俗的志趣情操。

朱淑真对“岁寒三友”怀着特殊的喜爱，其中又尤好梅、竹。粗略统计，在她的诗集中，咏及花木的有50余首，歌咏竹、梅的即有近20首。她爱梅的“雪天分外精神好”（《绛都春·梅花》），歌颂它斗雪傲霜不畏严冬；她爱竹的“凌冬不改青坚节”（《竹》），赞美它挺劲绝俗，坚不可摧。“劲直忠臣节，孤高烈女心。四时同一色，霜雪不能侵。”（《直竹》）梅、竹的品性正是诗人孤傲高洁情怀的体现。作者托物言志，既是咏物，亦是自勉。像朱淑真这样大量写作歌咏梅、竹作品的女性诗人，在宋代以前还不曾有过。她咏梅、竹的诗词不仅数量多，而且在寓意内涵上有一定的个性色彩。朱淑真写这些并非只是附庸风雅，而有其自身性格、情操为内在依据。

封建妇道要求女子安处闺房，恪守闺范，专心正色，不问政事。朱淑真却不肯依从这一套。她多年生活在风景如画的西子湖畔，对大自然怀着深深的喜爱之情，常步出户外，欣赏美丽的自然风光，描绘四季景物的诗歌在她的创作中占相当数量。特别难得的是，她还曾与下层劳动人民有所接触，对他们的生活疾苦以及思想感情有一定的了解。当她的创作涉及这方面的内容时，常展现出较为开阔的生活天地。例如《喜雨》诗即流露出与劳苦农民同忧共喜的真挚感情。《苦热闻田夫语有感》一诗，则更为突出地表现了作者对农民的关切之情：日轮推火烧长空，正是六月三伏中。

旱云万叠赤不雨，地裂河枯尘起风。
农忧田亩死禾黍，车水救田无暂处。
日长饥渴喉咙焦，播插耕耘功已足。

云霓不至空自忙，寄语豪家轻薄儿。
田中青稻半黄槁，汗血勤劳谁与语。
尚愁晚秋无成熟，恨不抬头向天哭！
纶巾羽扇将何为？安坐高堂知不知？

烈日如火的三伏天，大旱不雨，地裂河枯。诗人眼看着农夫忍着饥渴车水救田，然而却是“云霓不至空白忙”，心中十分沉痛，以致“恨不抬头向天哭”。诗的结尾处，作者笔锋一转，发出激切的责问，对那些安坐高堂只知享乐的豪门贵族的“轻薄儿”给予谴责。一个富足人家的女子，对劳苦人民能有如此深切的同情，对不劳而食的剥削者能加以这样无情的揭露，确为难能可贵。中唐诗人李约有一首诗《观祈雨》：“桑条无叶土生烟，箫管迎龙水庙前。朱门几处看歌舞，犹恐春阴咽管弦。”诗中描绘大旱之日两种不同的生活场面和思想感情。农夫因旱象严重、庄稼枯死而焦虑，因而举行迎龙娱神的仪式以祈雨，贵族们却一心只顾品味管弦，欣赏歌舞，惟恐天阴下雨丝竹受潮声音哑咽。诗人对后者是有讽刺之意的，但写来委婉含蓄。相比之下，朱淑真的作品则更为明快、泼辣，颇具批判锋芒。

朱淑真视野所及、思虑所致还不仅于此，更进一步，她还咏史论政，对这些封建时代分明不该由女子过问的事情发表自己的看法。她认为，史籍所载并不完全可信，“笔头去取万千端，后世遭它恣意瞒”（《读史》）。对于历史，她有自己的分析和见解。朱淑真曾作《咏史十首》，这组诗作写得颇为自信，且富于主见。十首诗各以历史人物为题，分别咏赞了八位历史上声名赫赫的政治家、文学家和经学家。“盖世英雄力拔山”的项羽、“男儿忍辱志长存”的韩信、“功成名遂便归休”的张良、“一言请削独干诛”的晁错，以及陆贾、贾谊、董仲舒、刘向等人，都成为朱淑真的评说对象。她或褒或贬，或夹之以感慨议论，显示了一定的历史眼光。当然，作者受天命观影响，在诗中将项羽的失败、张良的退隐等均解释为“天意”是不可取的，表现出史识的不足。此外，这位女诗人的咏物之作有的亦隐含讽喻政事意味，如她的《牡丹》诗：“娇娆万态逞殊芳，花品名中占得王。莫把倾城比颜色，从来家国为伊亡。”作者一方面错误地接受了“女人祸水”思想观念的影响，另一方面对统治者的荒淫腐朽也不无讥讽、劝诫之意。与那些柔弱卑顺、一言一行绝不敢有悖封建礼教规范的女子相比，朱淑真身上多了一些属于自己的品格。她对社会、对历史怀有一定的兴趣，有所思，有所言，不低三下四，不吞吞吐吐，显示出非同凡俗女子的精神境界。

朱淑真诗词中更为不同凡响的是女子为男权社会中的地位鸣不平。中国封建社会长期压抑人们个性的发展，对妇女尤为严酷。女性的志趣、爱好根本得不到尊重。朱淑真对此深为不满，她的《自责》诗名为“自责”，实为对“女子无才便是德”的封建道德的控诉、谴责：

女子弄文诚可罪，那堪咏月更吟风。
磨穿铁砚成何事，绣折金针却有功。

作者采取正言反说的手法，对封建礼教束缚女子手脚，扼杀女子智慧才能予以辛辣讽刺。实际上，“诚可罪”的不是咏月吟风的女子，而是灭绝女子灵性的所谓妇道。在现实生活中，她本人虽然明知“翰墨文章之能，非妇人女子之事”（《杂题序》），却还是任己之所好，恣意为之。不仅舞文弄墨，赋诗填词，而且敢于在作品中抒发心灵之声，将女子以含蓄温柔、敦厚顺从为美的传统道德观念置于脑后。并且，朱淑真没有像封建时代大多数妇女那样，把自己的不幸完全归于命运，而是多少意识到社会环境的因素，她在《秋日述怀》一诗中说：“妇人虽软眼，泪不等闲流。我因无好况，挥断五湖秋。”在她看来，妇人的伤感多愁不单纯是由于个人的脆弱，而主要是源于生活的不幸。事实上，当这位女诗人抛开个人生活的阴影咏怀述志时，非但不是一副愁人愁态，有时还颇带几分豪气。观鱼长江，她吟出：“非无欲透龙门志，只待新雷震一声”（《春日亭上观鱼》）；凭吊卧龙，她诵道：“时来天地云雷举，起作人间救旱霖”；勉励学人，她嘱之，“鸿鹄羽仪当养就，飞腾早晚看冲天”（《贺人移学东轩》），从中可见其志趣廓大、胸襟不凡的一面。朱淑真这些言行，距封建礼教所要求妇女的“动静有法”、“择辞而说”等种种清规戒律，着实是相去甚远了。

傲洁的情操、超俗的志趣与特殊的婚姻经历结合在一起，勾勒出这位孤高女子灵魂的画像。作为生活在八九百年前的一个普通女子，朱淑真的人生和创作不能不受制于那个时代，然而，她的精神世界却又在某些方面、某种程度上突破了时代强加在妇女身上的重重限制。她以知音难遇，孤寂难耐的痛苦为主调谱写了自己的断肠诗篇，但这诗篇并不尽是凄凉的音符。应该说，朱淑真不是一般意义上的“断肠人”，而是有着刚健、倔强心灵的女作家。尽管在无边的黑暗中她未能盼来震天的“新雷”，未能实现跃过“龙门”的志向，反却心怀幽怨、悒悒而终，但她的创作自有其独特的价值。后人论及朱淑真的创作，有以之与李清照相并举者，认为“宋妇人能涛词者不少，易安为冠，次则朱淑真”（陈廷焯《词坛丛话》），这样的评价是比较恰当的。就对诗词创作艺术上的贡献而言，朱淑真自然难比李清照，但在表现古代女性的生活、思想、志趣、情操方面，朱淑真显然有着自己的个性。

诗词赏析

《咏史·项羽》

自古兴亡本是天，岂容人力预其间。

非凭天与凭骓逝，骓不前兮战已闲。

盖世英雄力拔山，岂知天意主西关。

范增可用非能用，徒叹兴亡顷刻间。

朱淑真作《咏史》十首，还有《陆贾》：“汉方扰扰袭秦风，勇事相高马上功。惟有君侯守奇节，能将《新语》悟宸哀。”《晁错》：“七国绵延蔓草图，一言请削独干诛。扬雄自负功名志。犹罪当时太失愚。”《贾生》：“文帝为君固有余，岂容流涕复长吁。单于可击非无策，表饵陈来计已疏。”《董生》：“秦火经来道失真，下帷发愤每劳神。谁知异日为无得，只听平津一老臣。”《韩信》：“男儿忍辱志长存，出跨曾无怨一声。漂母人亡石空在，不知还肯念王孙。”《张良》：“功成名遂便归休，天道分明不与留。果可人间恋驹隙，何心愿学赤松游。”等等。这些诗作，名为咏史，实为借古讽今，告诫当朝，同样都隐含了女诗人在政治上不同凡响的眼光胆识。其“断肠之意蕴”，又岂止闺阁幽怨哉！

思想是现实的反映，作品是作者所处的现实及其思想情感的流露。

而朱淑真生活的时代，正是边患丛生，面临国破家亡的时代。在诗人的作品中，国事边患虽未见其忧，然“从宦东西不自由”的生活却体现出诗人的羁旅乡愁，而这乡井离愁中，正闪烁着时代的光芒。

中国的妇女本身就被“三纲五常”禁锢，而理学又把这种封建伦理推到了登峰造极的地步，中国妇女精神上的摧残之惨就可想而知了。在市井民家，恐怕还多少有些“人”的自由，而处身名门华第的妇女们，就如生活在一口活棺材中，其人格、人性恐早已剥夺殆尽！因此，诗人横溢的才华、泉涌的诗情必为现实所不容，正如诗人在《自责》所吟：“女子弄文诚可罪，哪堪咏月与嘲风。磨穿铁砚非吾事，绣折金针却有功。”个性自由的追求与惨酷现实形成尖锐的对立，而这“咏月吟风”似的叹惋就成了诗人“不洁不端”的把柄。这种千古沉冤，历史上何曾少见？可不屈的诗人又无法冲决那张暗无天日的大网，于是在《梅花》中吟道：“劲直忠臣节，孤高烈女心。四时同一色，霜雪不能侵。”在《黄花》中明誓曰：“土家能白又能红，晚节由能爱此工。宁可抱香枝上老，不随黄叶舞秋风。”诗人志节皎然，却最终郁郁终身。由此可见，从“抑郁不得志”到“抱恚而死”，自然是不可逃避的结局了。同时，我们所看到的诗人作品流露出的压抑不住的幽思，正是诗人本性的光芒，是诗人用生命唱出的一曲曲哀婉凄切的人生的歌。

朱淑真是一株严冬的小草，在冰窟里不断在发放着她那醉人的绿，她告诉人们，那里还有生命！因此，个性自由追求的无法实现，才是诗人“断肠”的真正意蕴。

《苦热闻田夫语有感》

日轮推火烧长空，正是六月三伏中。

旱云万叠赤不雨，地裂河枯尘起风。

农忧田亩死禾黍，车水救田无暂处。

日长饥渴喉咙焦，汗血勤劳谁与语？

播插耕耘功已足，尚愁秋晚无成熟。

云霓不至空自忙，恨不抬头向天哭。

寄语豪家轻薄儿，纶巾羽扇将何为！

田中青稻半黄槁，安坐高堂知不知？

这无异给统治者一记当头棒喝。《名媛诗归》评云："女子著眼，偏在民间疾苦，眼目自好。'农忧田亩'二句，田家楚痛，凄然在目。'日长'以下六句，写尽农夫心力。'寄语'问得妙。"本诗以生动的内容反映出旱灾可怕与农民困境，而"寄语"则有劝戒讽刺之意，虽是急言直谏，却也显得温柔敦厚，彷佛女诗人就是田家人，能深入了解民瘼。

她生动形象地记录了农民生活的疾苦，感受到他们的苦难。与他们悲喜与共，并将之归咎于高高在上的统治者，高声质问当朝者"安坐高堂知不知？"

更深刻的意义在于，朱淑真以一个名门闺秀，高楼上小姐的身份和眼光，发泄闺中幽怨自是无可厚非，但她在那个时代以独有的语言忧农民所忧，苦农民所苦，着眼民间最底层，以大旱之年农民仰天企盼天公下雨时的闪闪泪光，向锦衣玉食、只知搜刮民脂民膏满足自己富贵生活的公子哥儿们提出了强烈质问："田中青稻半黄槁，安坐高堂知不知"，实在是难能可贵！这样的诗句，虽然没有辛弃疾、岳飞等诗词中明显透露气吞山河的大节大义之气概，但她一个弱女子面对强大的君主制。在贵贱自有天定的封建意识中写下了这样为民疾呼的诗句，何尝不是大节大义？安坐高堂的天子即使知道农事的重要，也并非是在为人民着想。诗人在这里由对人民的同情进而对天子重农事的疑问与思考，其思之深，又岂仅儿女私情者所能为！这不能不说诗人的作品具有人民性和反抗性了。

而文学之树的枝繁叶茂则来自于生活，生活中每一个点滴都可以成为文学的枝节。从朱淑真这首诗中，小女子打破那个时代文学取材的意向，首次关注乡土农民，用责备的口吻告诉那些高高在上的统治者，对农民的困苦知也不知？这类诗在其《断肠诗》里虽然不多，但也代表了她创作思想的一个方面。对于朱淑真而言，她只不过是把自己身处时代的所见所闻作了一个实事求是的文字纪录。当年魏仲恭将朱淑真这些带着乡土气息的诗句收编进《断肠诗》，确实独具慧眼。

《菊花》

土花能白又能红，晚节犹能爱此工。

宁可抱香枝上老。不随黄叶舞秋风。

朱淑真故居

朱淑真在诗词中常以花自喻，表面上虽是咏花，实隐含自我思想，或顾影自怜之慨。如《海棠》有云：“天与娇娆缀作花，更于枝上散余霞。少陵漫道多诗兴，不得当时一句夸。”《牡丹》云：“娇娆万态逞殊芳，花品名中占得王。莫把倾城比颜色，从来家国为伊亡。”《芙蓉》云：“满池红影蘸秋光。始觉芙蓉植在旁。赖有佳人频醉赏，和将红粉更施妆。”《荷花》云：“暑气炎炎正若焚，荷花于此见天真。香房馥郁随风拆，笑脸夭娆映水新。问叶浅深殷似点，满地繁媚丽于春。年年占得余芳在，几见当时步步人。”《芍药》云：“芬芳红紫间成丛。独占花王品第中。到底只留为谑赠，更劳国史刺民风。”朱淑真并未听之任之甘于被婚姻吞噬，在那样一个女性几近失语的文化年轮中，她发出了内心的责问。

这首诗将苔藓的善于变化和菊花的始终不变加以对照，表达诗人对菊花品质节操的赞赏，表明自己不会改变对理想的追求。正因为如此，她越发要借助诗词来大胆地歌咏爱情，以此来表达对不和谐婚姻的不满与抗争，对妇女传统生活方式提出质疑，这在“女子无才便是德”的传统观念看来。更非良家子女所为。朱淑真以菊花自比，将俗不可耐的丈夫比作黄叶，宁为玉碎，不为瓦全，一个“不随”显示了对人格独立与自由的无上向往，也显示了她与不幸婚姻对抗到底的无畏与决绝。

在朱淑真看来，与其两个才貌不称之人强成匹偶，不如世间本无夫妇之伦。此诗将她自伤彩凤随鸦、所适非偶的怨情表露无遗，幽怨中是爱情的失落和对婚姻的失望。而失落与失望本身则含蕴了她对完美的追寻。心灵相契的完美爱情，与爱相融的完美婚姻，这种立足于两性和谐的婚恋观在近乎千年之外标榜“男尊女卑”的宋代可谓“超前”。然而意识的“超前”改变不了生活的现状，丈夫并非诗人心中面如傅粉的何郎，丈夫所热衷的仕途生活亦与诗人的生活趣味大相径庭；“山色水光随地改，共谁裁减入新诗。”（《舟行即事》），显然丈夫不擅诗词，更不能与诗人对吟齐咏。这一切将朱淑真心中的“完美”一片片撕碎，然而“完美”可以破碎，却不可以亵渎。她在《惜春》中写道：“连理枝头花正开，妒花风雨苦相摧。愿教青帝常为主，莫遣纷纷落翠苔。”诗人满怀热情地歌唱真挚的爱情，希望它能够长久不衰，不被宗教和恶势力所摧残。“宁可抱香枝头老，不随黄叶舞秋风”成为激励后人的名句。

《圆子》

轻圆绝胜鸡头肉，滑腻偏宜蟹眼汤。
纵可风流无处说，已输汤饼试何郎。

自己纵然有多少风情话，也无人可倾吐诉说。丈夫本来就不是“何郎”，对他说了又有什么用？而丈夫这个笨东西，居然连“何郎傅粉”的典故都不知道。甚至傻乎乎地问。“何郎”是指什么郎吧？其实，“何郎”说的是三国时期的何晏，是魏文帝曹丕的女婿。何晏生来面容洁白，容貌俊美。他老丈人魏文帝，却怀疑女婿脸上是涂抹了许多白粉。因此在夏季大热天，故意给何晏吃热汤饼和汤面。当何晏吃得大汗淋漓的时候，魏文帝曹丕却亲自来替何晏擦汗。然而擦完了汗之后，才发现何晏脸上依然是那样洁白俊美，根本没有抹粉。这时候，魏文帝才相信女婿何晏本来就脸色洁白，容貌俊美。朱淑真的原意是讽刺丈夫比不上何晏的文才和美貌，而丈夫却还在问“何郎”是指什么郎？

丈夫怎么会笨到这种地步，没有一点文学知识？简直是对牛弹琴。路途中连个知己知音都没有，自己写诗词给谁看？因此，朱淑真对眼前无知的丈夫更是悲观失望了，更增加了愁苦郁闷。

女为悦己者容，古代女子自然更是如此，朱淑真以女子身份，对自己的美貌引以为傲自在情理之中。在诗中，她把自己比喻成一颗糯米圆子，小巧玲珑且冰肌玉骨滑腻。但自古“红颜多薄命”，美女对丑男有种天生的排斥。对于自己并不俊朗的丈夫，整天只知情欲发泄而不懂浪漫的男人，她心中纵然有万般风流言，柔情蜜意话，也无从诉说。因为她不想说。当然，在那种年代，她要真在丈夫面前说了，也会被人认为是风骚不守妇道的淫荡！但是她却敢无视封建教义而把这样的心思用文字表达出来，可见她是个不一般的女子！她已经成为了那个时代的前卫人物。然而，诗中最后两句“纵有风流无处说，已输汤饼试何郎”让我们读出了她内心的幽怨。这种幽怨是她一生病因症结。

圆子是路仲人最喜欢的一种由糯米经过深加工之后糅成的米粉团，在杭嘉湖地区随处可见。路仲的圆子，不光是一种传统小吃那么简单，它几乎占据了路仲人的所有生活习惯。

圆子用它的糯性、粘性连接着路仲人生活的每一个细节。除了过节祭祖。圆子其实已经是路仲人企盼风调雨顺、五谷丰登的一种心灵虔诚的寄托。作为诗人，朱淑真曾游历吴越荆楚间。她为什么不使用他处对圆子的称呼而独独使用了这个富含路仲地方特色的名词？

后　记

历史塑造出代代相传的绝代佳人，可对她们的生平事迹却又不屑一顾。除了那些跻身政坛的皇后嫔妃在史传中占了一点篇幅，且是惜墨如金，更多的美女佳人都只是在笔记、野史、小说、传奇、民间故事中才能搜罗出一点点传闻轶事，有的已变得面目全非。

传统的历史给了男人更多的关照，却少了对女人的关注和荣耀，她们是中国历史绕不开的死结。“红颜才女”系列图书共 10 本，从另一个视角展示了这些女性的美丽、欲望、才情和智慧等，并作了客观的评价。书中呈现了卓文君、班昭、蔡文姬、谢道韫、薛涛、鱼玄机、李清照、朱淑真、柳如是、顾太清 10 位女中豪杰的风采，她们离奇跌宕的身世和不可复制的命运，无不是一个时代与历史的精彩缩影。

西汉卓文君天生丽质，容貌姣好，自幼聪明伶俐，博闻雅识，诗歌词赋，无一不精，更兼擅长音律，琴技无双。然而，这朵娇艳欲滴的鲜花，却遭到狂风暴雨的摧残：父亲为了攀附权贵，将她嫁与李家公子。

丈夫体弱多病，撒手西去，文君只得独守空房。李府内妻妾争风吃醋，丑态百出，文君发现身边有一双邪淫的眼睛……才华横溢而又穷困潦倒的司马相如与卓文君一见倾心，双双坠入爱河。琴声相约，雪夜私奔，文君冲破世俗观念，抛却锦衣玉食的生活，毅然扑入爱人怀抱，贫寒的生活随之压向她柔弱的肩头。他日司马相如平步青云，飞黄腾达，沉溺于声色犬马之中，心生纳妾之意。卓文君悲痛欲绝的眼泪化作哀婉动人的诗句，相如读罢如当头棒喝，羞愧中找回从前的自我，二人始得生死相依，百年好合。

东汉班昭出身儒学世家，父亲班彪是远近闻名的学者，长兄班固著《汉书》，未竟而卒，次兄班超，为汉代著名外交家。在父兄的影响熏陶下，班昭学问广博，很有才干。十四岁时，班昭嫁于同郡人曹世叔。丈夫早年去世后，班昭清守妇规，举止合乎礼仪，气节品行非常好。班昭晚年，身患疾病，家中女子们又正当出嫁的年龄，班昭担心她们不懂妇女礼仪，令未来的夫家失面子，辱没了宗族，于闲暇时作《女诫》七章，以做勉励，书成后，对宫内妇女的教育很有帮助。班昭还继承长兄班固的事业，续写《汉书》。

东汉末年的蔡文姬是天生才女，通音律，善辞赋。命运苦难，她从繁华坠入风霜，宿命轮回，她遭遇爱与生命的流离。各色岁月一一尝遍，她终是无悔此生。她用一生风雨打磨饱满的灵魂，诉说着千古幽思。孤芳续汉史，血泪写春秋。《悲愤诗》与《胡笳十八拍》再现了蔡文姬凄楚的生活经历与悲愤的思想感情，一代代流传下来，成为千古绝唱。

东晋才女谢道韫留下来的事迹不多，其中最著名的故事，记载在《世说新语》中：谢安在一个雪天和子侄们讨论可用何物比喻飞雪。谢安的侄子谢朗说“撒盐空中差可拟”，谢道韫则说：“未若柳絮因风起”，因其比喻精妙而受到众人的称许。也因为这个著名的故事，她与汉代的班昭、蔡文姬等人成为中国古代才女的代表人物，而“咏絮之才”也成为后来人称许有文才的女性的常用词语，这段事迹亦为《三字经》“蔡文姬，能辨琴。谢道韫，能咏吟”所提及。在孙恩之乱时，丈夫王凝之为会稽内史，但守备不力，逃出被抓被杀，谢道韫听闻敌至，举措自若，拿刀出门杀敌数人才被抓。孙恩因感其节义，故赦免道韫及其族人。王凝之死后，谢道韫在会稽独居，终生未改嫁。

薛涛是古代十大才女之一，唐代首屈可指的女诗人，历史上的才女不少，但没有哪一个能像薛涛那样才艺双绝，具有多方面的才能，尤其在人生经验和政治素质上的历练无人可比。薛涛和很多在历史上留下名字的女子一样，有着清丽的容貌，虽然不幸坠入风尘，她的心灵却生长着一双自由的翅膀，以天性敏感和细腻，委婉地书写着温润的内心世界，细致入微地发掘个体生命体验，用哀怨的泪水勇敢地控诉时代的不公。身处庞大而炫目的诗歌唐朝，在那些光焰万丈的文学繁星中，她灼灼地发出自己的光芒，注定成为一个不容忽视的存在。

晚唐的女诗人当中，以鱼玄机最为知名，也最为传奇，色既倾国，思乃入神，又被誉为“才媛中之诗圣”。这样一位才貌双全的风流佳人，却时运不济，命途多舛，牵连进包括笞杀婢女绿翘在内的多宗谋杀案，最终以悲惨的结局收场。

宋代李清照的人与文，是一致的清丽，一样地充满光的气味，她是绝品的女子。生命被把持得清洁自如。纵然有曲折、有挫折、有跌宕、有不可预知的舛错，但她携着内心清正的道一点一点化解，从不拖沓。

南宋女诗人朱淑真是唐宋以来留存作品最丰盛的女作家之一。她生于仕宦之家，饱读诗书，精通音律，尤擅诗词，后人称之为“闺中之秀，女流之杰者”，为南宋多情才女和美女，与李清照齐名，但却婚姻不幸，遇人不淑，与丈夫志趣不合，夫妻不和睦，情绪时时抑郁苦闷而又无可奈何，她只有寄情于诗，移情于物来排遣爱情生活带来的“颦眉”，最终因抑郁早逝。传朱淑真过世后，父母将其生前文稿付之一炬，现存《断肠诗集》、《断肠词》传世，是劫后余篇。

明末柳如是是秦淮八艳之一，琴棋书画样样精通。她二十四岁遇见钱谦益，他们以诗文为媒，惺惺相惜而走到了一起。面对改朝换代，柳如是与钱谦益两人由于认识上的不同，陷入了巨大的分歧之中，感情出现裂痕：一个远去北京做了清廷的官员，一个南下追寻抗清的南明军队。当一切繁华落尽，两人再度破镜重圆，在红豆山庄过起了平淡而恬静的田园生活，钱谦益死后，钱氏族人意欲争夺钱家家产，柳如是为了保全后代与钱氏家族的财产，用三尺白绫自缢而死。

顾太清是清代著名女词人。著作小说《红楼梦影》，成为中国小说史上第一位女性小说家，其文采见识非同凡响。顾太清多才多艺，且一生写作不辍，她的文学创作涉及诗、词、小说、绘画，尤以词名重士林。她做诗词全凭才气，不摆“唐模宋轨”的架子，倒也潇洒自如，平添一种风流态度。

女性用自己的经历创造历史，但在由男性书写的历史上，她们的存在史、她们的挣扎与奋斗，她们的快乐与痛苦都被压抑在黑暗之中，所以她们的人生经历更值得一读，透过它，人们可以从另一个角度重读历史。

为了增加图书的可读性和趣味性，本书在编写过程中参考了古今大量史料和札记轶闻，也参阅了今人研究者和历史爱好者的相关著作和文字，特对此隆重致谢。凡所参考文字大部分已得到作者同意并付与相应稿酬，但也有部分文字无法联系到原作者，若在阅读过程中发现贵文，烦请联络我处获得稿酬。

联系方式：1798789501@qq.com